# 질문 수업
# 어떻게
# 시작할까

교육 현장에 하브루타의 씨앗을 뿌리셨던
고 전성수(전)한국하브루타협회장께 감사함을 전합니다.

# 질문 수업 어떻게 시작할까

글 **양경윤** | 그림 **김차명**

테크빌교육

# 프롤로그

"질문수업 어떻게 시작해요?"

"질문과 대화만 잘하면 된다고 하는데, 수업에서 실제로 어떻게 해야 하는지는 잘 모르겠어요."

"아이들이 국어 수업을 할 때는 신나서 즐겁게 질문수업을 하는데 과학 수업에서는 잘 되지 않는 이유가 무엇일까요?"

질문수업은 학생이 스스로 생각하고 말할 수 있도록 하기 위한 수업으로 유대인의 하브루타 방식에서 태동되었습니다. 이를 교실 수업에 적용하고자 하시는 선생님들을 돕기 위해 2018년에 《하브루타 질문수업에 다시 질문하다》라는 제목으로 펴낸 책을 이번에 제목의 인상을 좀 더 명확히 하기 위해 《질문수업 어떻게 시작할까》라는 새 제목으로 다시 내게 되었습니다. 최근에 이 책을 찾아주시는 분들이 늘었기 때문입니다. 어찌 된 일일까요?

2019년 말에 코로나19가 찾아왔고 원격수업이라는 이름으로 학교 현장에 에듀테크 활용 수업이 본격 활성화되었습니다. 원격수업 덕분에 학습은 시공간을 가볍게 뛰어넘게 되었고, 다양한 학습기법이 생겨났고, 거침없이 발전해 나가기 시작했습니다. 이제는 인공지능 활용 수업으로 전 세계 교육이 부지런히 변화해 나가고 있습니다. 이 변화의 속도는 너무도 빨라서 선생님들은 어떤 것을 수업의 가장 중심에 두고 시작을 해 나가야 할지 혼란스러운 경우가 적지 않습니다. 그런데 이 혼란 속에서 우리에게 빛을 밝혀 주고 있는 확실한 한 가지가 있습니다. 그것은 바로,

'질문'입니다.

챗GPT 같은 생성형 AI를 활용하면 질문에 대한 양질의 답이 정말 쉽고 빠르게 얻어집니다. 그러니 생성형 AI를 어떻게 얼마나 잘 활용하는지가 개인의 문제해결 속도와 역량을 좌우하는 시대에 접어들었다고 볼 수 있습니다. 그런데 생성형 AI의 결과값은 어떻게 질문하는지에 따라 크게 달라집니다.

그러면 질문하는 능력은 어떻게 기를 수 있을까요? 우리의 수업 속에서 학생들이 스스로 생각하고 사고할 수 있게 하려면 어떻게 하는 게 좋을까요? 교사가 어떻게 질문하면 학생들이 자신의 생각을 스스로 정보화하고 지식화하여 앎으로 만들고 이를 삶에 적용해 보게 되는 걸까요? 이런 고민들이 생성형 AI의 시대에 '질문수업'에 대한 관심을 더욱 불러일으키고 있습니다.

질문이라는 건 사실 학생도 교사도 두렵습니다. 지식화되지 않는 정보만을 제공받는 학습, 시키는 대로 제공받은 것에 대해서만 하는 학습. 이런 학습에 길든 학생들은 질문이 두렵습니다. 교사들도 질문이 두렵습니다. 질문하는 것도 쉬운 일이 아니지만 정해진 시간 안에 학생들의 질문에 모두 답할 생각을 하면 마음이 더욱 복잡해집니다. 그렇다면 한번 원점으로 돌아가 볼까요? 수업에서 질문이란 어떤 의미를 가질까요? 호기심을 증진하기 위해서만 질문을 만드는 것이 아닙니다.

이 책은 수업 시간에 교사에게 필요한 질문의 기술과 원칙을 정리해 엮었습니다. 질문수업의 단초를 만들기 위해 성취기준에 근거한 핵심질문을 만들고 이끎질문들을 만들어 활용하는 방법을 안내했고, 학생들이 자신이 품은 질문의 넓이와 깊이를 스스로 더해 나가도록 도와주는 질문 놀이를 소개해 두었습니다. 실제 질문수업을 준비하실 때 편리하게 활용하시도록 책의 내용은 질문수업 전중후에 맞춰 전체 1~3부로 구성했고 전중후 과정별 대표 의문점에 대한 해설을 명확하게 담았습니다.

이 책에서 소개한 질문수업의 방법과 전략들은 질문과 대화를 기본으로 하며 '학생'보다는 '인간'에 좀 더 초점을 맞추었음을 다시 한번 말씀드리고 싶습니다. 교사나 학생 모두가 인간이며, 누구나 배움의 열정이 있고, 스스로 하고자 하는 열정이 있는 존재입니다. 생각하는 존재, 언어를 활용하며 살아가는 존재, 즐거움을 찾고자 하는 존재입니다. 질문놀이 수업법은 교사와 학생에 구분 없이 내재되어 있는 학습에 대한 인간 본연의 호기심과 즐거움을 그대로 살려 내는 방법론을 제시하고자 하였습니다. 그래서 질문수업을 시작해 보시면 이제 모두가,

질문이 즐겁습니다.
수업이 설렙니다.

선생님께서 걸어오신 수업의 전략들을 질문수업에 한번 비추어 보시고 선생님만의 행복한 수업의 길을 앞으로도 계속 걸어가시면 좋겠습니다. 교사와 학생이 함께 성장하는 선생님의 행복한 교실에 힘찬 응원을 보냅니다.

2024년 6월
양경윤

프롤로그 ················································· 4

**[ 질문 수업 전 ]**

## 질문
## 놀이로
## 시작하자!

★ 교사와 학생, 질문 놀이로 쉽고 즐겁게

**Q1** 왜 질문 놀이로 시작하죠? ································ 13

**Q2** 질문 놀이가 뭐죠? ································ 19

**Q3** 가장 쉽게 할 수 있는 질문 놀이는? ··················· 23
까바놀이 / 방법 / 장점 / 수업 활용 예시

**Q4** 질문의 넓이를 더할 수 있는 질문 놀이는? ·········· 45
까만놀이 / 방법 / 장점 / 수업 활용 / 단원개관 / 질문 교환

**Q5** 질문의 깊이를 더할 수 있는 질문 놀이는? ·········· 66
끼주놀이 / 꼬질꼬질놀이 활용법 / 장점


★ 교실 구조, 사람의 얼굴을 보는 책상 배치

**Q6** 왜 'ㄷ'자(마제형) 배치를 해야 할까? ················ 75

**Q7** 왜 2명의 짝이어야 할까? 4인 모둠은 안 될까? ······· 81


★ 학부모, 학생에게 신뢰를 쌓아라

**Q8** 행복한 질문 수업이 되기 위한 교사와 학생의 약속은? ······· 87
교사의 단호함과 부드러움 / 수신호, 카운팅법

**Q9** 학부모님을 위한 안내는? ································ 94
질문 수업 처음 안내 / 학생의 학습태도 변화
에세이 쓰기를 통한 성장 변화 / 학부모님도 함께해요

옆 반 쌤 이야기 이혜경 선생님

**2부**

[ 질문 수업 중 ]

## 질문 수업 원칙을 잡아라!

: 알아 두면 쓸모 있는 신기한 6가지 원칙

★ 원칙 1. 수업은 재미있어야 한다

**Q10** 수업이 재미있으려면? ············· 109
짝과 함께 / 움직임 / 놀이처럼 / 스토리 만들기

★ 원칙 2. 아는지 모르는지 스스로 확인하게 하라

**Q11** 아는지 모르는지를 어떻게 알 수 있지? ········· 129
짝 대화로 생각할 틈 주기 / 스스로 질문하게 하기 / 자신의 언어로 설명하기

★ 원칙 3. 스스로 선택하게 하라

**Q12** 선택했다고 느끼게 하려면? ············· 147
YES를 부르는 교사 용어 / 질문은 각자가 선택

★ 원칙 4. 생각과 배움을 공유시켜라

**Q13** 상호작용을 통한 학습공유는 어떻게 할까? ········ 159
짝 이동 활동으로 공유를 극대화 / 사회적 존재로 공유
/ 공책의 공유 / 학습자료와 상호작용

★ 원칙 5. 교육과정, 질문 수업, 평가를 일체화하라

**Q14** 질문 수업에서 교-수-평 일체화는 어떻게 할까? ··· 179
과정중심평가/ 질문과 평가와 연결

★ 원칙 6. 에세이 쓰기로 배움을 내면화하라

**Q15** 배움의 내면화는? ············· 197
쓰기는 학습의 과정 속에서 / 에세이로 배움 정리 / 학습지보다는 노트 활용

옆 반 쌤 이야기 황효주 선생님

**3부**

[ 질문 수업 후 ]

## 함께 성장하자!

★ 질문 수업으로 함께 공부하며 성장하라

**Q16** 질문 수업으로 성장하려면? ············· 213
왜? 만약에? 어떻게? / 시작은 나로부터 / 도움 요청하기 / 네트워크하기

**Q17** '함께 하기'의 공부 방향은? ············· 221
무엇이 아니라 어떻게 / 핵심역량을 키워 주는 질문과 대화 수업

**Q18** 수업 나눔을 쉽게 하려면? ············· 225
함께 만들기 / 교차 수업 공개 / 협의회는 배움만

**Q19** 수업일지로 수업 성찰하기 ············· 229
수업일지 쓰기 / 무엇을 언제 / 수업일지 예시

옆 반 쌤 이야기 이미선 선생님

에필로그 ············· 238

# 질문 놀이로
# 시작하자!

★

# 교사와 학생,
# 질문 놀이로
# 쉽고 즐겁게

수업 시간이 서로의 우열을 가리고 승자와 패자를 만드는 시간이 되어 버린다면 어떨까요? 진정한 배움이 이루어지는 곳에서는 경쟁보다 협력을 추구해야 합니다. 함께 나누고 함께 성장하는 방향으로 나아가야 합니다. 경쟁이 배움을 위한 도구로 쓰인다면, 많은 아이들은 일찍부터 승자와 패자로 나뉘는 삶을 살아가게 됩니다. 까만놀이는 협력 관계를 통한 즐거운 놀이입니다. 상대와 꼭 경쟁할 필요는 없습니다. 놀이, 그 자체로서의 의미도 있지만, 모두가 함께하는 협력의 구조를 가질 때 더 많은의미를 지닙니다.

# Q1
## 왜 질문 놀이로 시작하죠?

"질문, 어떻게 만들어요?"

질문 수업을 시작할 때 많은 교사와 학생이 직면하는 문제입니다. 학생들이 만드는 질문으로 수업을 시작하려고 하고, 나아가 그 질문으로 학습대화를 시도하려는데 학생들이 질문을 만들지 못한다면 어떨까요? 학생들뿐 아니라 교사들 역시 수업의 시작점부터 막혀서 겁을 먹고 바로 멈추는 현상이 생깁니다. 어떤 수업이든 일단 시작은 해 보아야 하는데, 이렇게 되면 교사나 학생 모두 수업을 시작하기가 어렵습니다.

### (1) 학생들이 질문을 못 만드는 이유는 무엇일까요?

'매너리즘'이라는 말은 어떤 형식이나 틀에 갇혀서 고착된 상태를 말합니다. 어쩌면 지금까지 우리가 잘 가르치기만 하면, 학생들이 잘 배운다는 고정된 생각, 즉 '매너리즘'에 빠져 있었는지도 모릅니다. 학생들도 교사로부터 가르침을 받는 것을 당연하게 여겨 왔습니다.

인간의 뇌도 매너리즘에 빠진다고 합니다. 우리의 뇌는 단순하고 쉬운 것만 하려는 특성을 가지고 있습니다. 따라서 무의식 중에 누군가가 일방적으로 전달하거나 주는 것에 대해 편하게 생각하게 됩니다. 재미없고 지루하게 느껴지는 강의식 수업을 벗어나기 어려운 이유는 어쩌면 이런 편리성 때문일지도 모르겠습니다. 하지만 학생들은 일방적으로 가르침을 받는 교실에서 자신도 모르게 학습된 무기력에 점점 더 빠져들게 됩니다. 자신이 무엇을 알고 무엇을 모르는지조차 판단할 수 없는 상태에서 무조건적으로 계속 받아들이게 됩니다. 더 이상 스스로 하려고 하지 않고 진정한 배움이 무엇인지 알려고 하지도 않습니다.

그런데 이러한 학생들에게 스스로 질문을 만들라고 하니, 뇌의 입장에서는 편리함을 거부한 채 생각하는 게 귀찮은 것입니다. 인간은 본래 태어날 때부터 궁금한 것도 많고 호기심도 많으며 질문 던지기를 좋아하는 본성을 지니고 있는 존재입니다. 하지만 자라날수록 새롭게 생겨나는 호기심들은 여러 가지 부정적인 형태로 막히게 됩니다. 그러다 보니 어느새 질문을 던지는 것이 부정적 경험을 꺼내는 일이 되어 버리고 맙니다. 또한 누군가 던진 질문에 답은 하지만, 자기 스스로가 질문을 던져 배움의 길을 열어 갈 기회를 제대로 얻지 못합니다. 그래서 질문을 하는 것이 두렵고 하고 싶어하지 않습니다.

질문을 연습할 기회조차 많이 얻지 못해 왔으니까요.

"엄마, 이건 뭐예요?"

"응, 그건 아직은 몰라도 돼." "자꾸 쓸데없는 걸 물어보는구나."

어쩌면 대한민국 교육 현장에서 학생들이 만드는 질문으로 수업을 하고 싶어도 하기 힘든 이유가 여기에 있는지도 모르겠습니다.

**학생들이 질문을 만들지 못하는 가장 큰 이유는,**

**해 본 적이 없기 때문입니다.**

**아니, 질문을 할 기회와 길이 막혔기 때문일 것입니다.**

### (2) 교사들은 질문을 잘 만들까요?

학생들과의 질문 수업을 위한 연습 방법을 제시하기에 앞서, 선생님들께 먼저 질문을 드리고 싶습니다. 수업의 주체는 학생과 교사 모두가 해당되니까요. 교사는 질문을 잘 만들고 수업에도 잘 활용할 수 있을까요?

교사는 기본적인 발문을 통해 학생들의 배움을 증진하기 위해서 노력합니다. 학생들의 생각을 끌어내기 위해서 교사는 끊임없이 발문을 연구합니다. 하지만 여전히 교사들에게 발문은 참 어렵습니다.

발문이란 무엇일까요?

교육학 용어로서의 발문은 '어떤 내용을 알고 있는 사람이 모르는 사람에게 질문하는 것'입니다. 발문은 다양한 측면에서 생각할 수 있도록 하는 질문기법입니다. 좋은 발문은 학생들의 학습력을 증진하고 사고를 확장하는 힘을 가지고 있습니다. 수업에서 교사가 발문하는 목적은 학생의 능동적인 생각과 적극적 참여를 이끌어 내기 위함입니다. 단, 이러한 발문을 하는 교사는 내용을 알고 있는 사람이어야 한다는 전제 조건이 있습니다. 그러다 보니 교사의 생각을 벗어날 수 없다는 한계가 생깁니다. 지식의 양이 폭발적으로 증가하고 있는 요즘 시대에 교사가 학생에게 모든 것을 다 가르쳐 줄 수는 없습니다. 그렇다면 교사의 발문은 이제 필요 없는 것이 되었을까요?

아닙니다. 교사의 발문은 예나 지금이나 반드시 필요합니다. 단 교사가 가르친다는 의미의 발문보다는 학생들이 스스로 선택하는 질문으로 배움을 찾아가도록 도와주는 발문이 필요합니다. 학생들이 꺼내어 놓은 질문들을 학습목표나 성취기준에 맞게 잘 연결하고 조합하여 되물어 주는 발문을 해야 합니다. 또한 학생이 던진 넓은 의미의 질문들을 좀 더 좁은 의미, 즉 구체적이고 본질적인 질문으로 바꿔 주는 것이지요. 그리고 학생이 던진 구체적인 질문은 되물어 가면서 좀 더 넓은 의미로 확장시켜 가기도 합니다.

학생들만 그런 게 아니라 교사 역시 가르쳐야 한다는 매너리즘에 빠져 있을지도 모릅니다. 대부분의 교사는 학생의 질문에 즉각적으로 답해 줘야 한다는 생각을 가지고 있을 것입니다. 그러다 보니 학생들의 질문으로 시작하는 수업에서도 교사는 자꾸만 자신이 답을 해야 한다는 강박증을 가집니다. 교사 본인이 답을 해야 한다는 부담감 때문에 학생들의 질문을 회피하기도 합니다. 학생들의 질문에 답할 수 없는 교사 자신이 용서가 안 되기 때문이기도 합니다.

학생이 던진 질문에 교사가 모두 답할 수는 없습니다. 교사도 완벽할 수 없으며, 만능은 아니기 때문이지요. 전지전능한 신이라고 해도 학생들의 질문에 바로 답을 줘서는 안 됩니다. 교사는 학생들이 스스로 그 해답을 찾아갈 수 있도록 되물어주고 또 되물어주는 과정을 경험하도록 해야 합니다.

**학생들의 질문을 어떻게 조합하고 연결할 것인가?**
**학생들의 질문을 어떻게 분류할 것인가?**
**학생들의 질문을 어떻게 구체적이고 본질적으로 변화시킬 것인가?**
**많은 질문들을 어떤 순서로 제시할 것인가?**
**성취기준에 맞게 되물어 줄 수 있는가?**

교사는 학생들의 질문을 활용하기 위한 노력을 해야 합니다. 그러나 학생들이 너무 많은 질문을 쏟아내기 때문에 이 수업을 할 수 없다고 합니다. 질문이 많다는 것은 학생들의 사고가 그만큼 열려 있고 배움을 시작하겠다는 준비 자세를 갖추었다는 뜻입니다. 교사는 이를 수용해야 합니다. 여기서 이야기하는 질문 수업 방식은 교사들 자신이 배워 왔던 교육의 방식과는 순서 면에서 다릅니다. 교사가 가르친 것을 학생이 이해하지 못하여 질문하고 교사가 답을 해주는 방식이 아닙니다. 학생들이 먼저 질문을 제시하는 것으로 시작합니다. 하지만 교사는 학생들의 질문을 시작으로 하는 수업을 해 본 경험이 많지 않습니다. 어떤 질문을 어떻게 채택하고 어떻게 활용해야 하는지에 대한 기본적인 경험도 부족합니다. 교사가 먼저 질문에 익숙해져야 학생들의 질문에도 되질문을 던질 수 있습니다. 교사에게 질문 수업이 낯설게 여겨지는 이유는 바로 여기에 있습니다.

**교사 역시 질문에 익숙하지 않다는 것**
**질문들을 합종연횡 해본 적이 없다는 것**
**학생 질문으로 수업을 이끌어 본 적이 없다는 것**

학생뿐 아니라, 교사도 질문에 익숙해지기 위한 시간과 연습이 필요합니다. 그 연습은 어렵고 딱딱한 것이 아닙니다. 놀이처럼 즐겁게 함께 하면 됩니다. 바로 질문 놀이 수업을 하면 되는 것이지요. 이러한 질문 놀이는 학생과 더불어 교사의 성장도 함께 돕습니다.

# 질문 놀이가
# 뭐죠?

## (1) 질문과 학습대화의 연습, 질문 놀이

질문 수업은 질문 연습으로 시작됩니다. 그러면 어떻게 질문 연습을 해야 할까요? 연습이라고 해서 단순히 질문 수업을 위한 준비라고만 생각하시면 안 됩니다. '이건 어차피 연습이야, 이건 대강 해도 돼.' 이런 생각으로 해서는 안 된다는 뜻입니다. 이 연습을 통해서 학생과 교사 모두가 질문과 학습대화가 즐겁고 행복하게 생각과 배움의 길을 열어 준다는 것을 느낄 수 있어야 합니다. 그래야 교실 수업 현장에서 스스로 움직일 수 있게 되지요. 이 연습을 통해서,

**질문과 대화는**

**두려운 것이 아니고 즐거운 것이며**

**사람의 마음을 알아가는 과정임을,**

**그리고 공감할 수 있도록 도와주는 것임을 알아야 합니다.**

질문 연습에는 '대화하는 법'이 함께해야 합니다. 질문은 대화를 위한 준비이기도 합니다. 질문과 대화가 따로 존재하는 것이 아닙니다. 우리의 대화가 깊어지도록 도와주는 것이 바로 질문입니다. 질문과 대화는 함께 어우러져야 하지요.


### (2) 질문 수업이 무엇이라고 생각하시나요?

가위바위보로 질문 수업을 이해해 볼까 합니다. 가까이 있는 사람과 '가위바위보'를 해 보시기 바랍니다. 가위바위보를 세 번 하여 누가 이기는지 한번 해 보세요.

이기셨나요, 지셨나요? 이기셨다면 왜 이겼다고 생각하시나요?

세 번 중 세 번 다 이겨서? 세 번 중 두 번을 이겼기 때문에?

'이겼다', '졌다'는 어떻게 판정하였나요?

이기는 기준을 알려 드리지도 않았는데 말이지요.

우리는 습관적으로 가위가 보를 이기고, 바위가 가위를 이긴다고 생각합니다. 이런 생각은 어디에서부터 시작되었을까요? 아마도 어린 시절부터 그렇게 익혀 왔겠지요. 어린 시절에 익혔던 규칙으로 오랜 시간 동안 가위바위보를 해 온 것입니다. 사실, 가위바위보의 규칙은 중국의 술 문화에서 유래되었다고 전해집니다. 그 오랜 시간 동안 이 규칙이 바뀌지 않아 왔던 것이지요. 그럼 이번에는 제가 그 규칙을 바꾸어 보겠습니다.

**'지는 가위바위보'**

말하자면, 저야만 이기는 것입니다. 원래 가위바위보는 약속된 세 가지 모양의 손동작 중 하나를 동시에 내어 승부를 가리는 놀이입니다. 지는 가위바위보는 상대가 보여 주는 손동작을 보고 그것에 질 수 있도록 제시하는 것입니다. 동시에 제시하는 것이 아니라 상대방이 제시한 것을 보고 자신의 손동작을 선택하여 제시할 수 있습니다.

다시 예를 들어 설명하자면, 상대가 가위를 제시하는 것을 본 다음에 1초 후 보를 제시하면 이기는 것입니다. 상대방이 제시한 것을 보고 난 후에 제시하는 것이라 어쩌면 동시에 내는 것보다 더 쉬울 수도 있습니다. 답이 뻔히 보이기 때문입니다. 보면서 하는 것이기에 동시에 내는 것보다는 이길 확률도 더 올라갑니다. 거의 확실하지요. 가까이에 사람이 있다면 꼭!꼭!꼭! 바로 해 보고 뒤의 글을 읽는다면 더 이해가 잘 되실 겁니다. 혹시 해 보셨나요? 어떠셨나요?

해 보신 분들도 느끼셨겠지만, 이 규칙대로 가위바위보를 해 보면 지는 가위바위보 원리도 이해했고 상대방이 무엇을 제시하는지 이미 봤는데도, 우리의 몸은 빠르게 이기는 손동작을 내고 맙니다. 즉, 상대가 가위를 제시한 것을 보았음에도 불구하고 무의식적으로 바위를 내게 되는 것입니다.

지는 손동작을 제시하려 해도 머릿속 인지와 몸의 속도에 간극이 생기면서 실제로는 지는 것이 어렵습니다. 왜 그럴까요? 그것은 아마도 우리의 오랜 습관으로, 이기는 가위바위보 놀이의 방식이 우리의 뇌 속에 자리잡혀 있기 때문일 것입니다.

질문 수업은 우리에게 익숙하지 않은 '지는 가위바위보' 게임과 같이 갑자기 다가오는 것일지도 모릅니다.

하지만 질문 수업은 세상에 없던 것이 아닙니다. 원리가 어려운 것도 아닙니다. 마치 지는 가위바위보 게임처럼 말이지요. 단지 교사나 학생들에게 익숙하지 않을 뿐이고, 지금까지 해오던 방식의 순서가 아닐 뿐입니다.

질문 수업의 원리 또한 게임의 규정을 이기고 지는 것을 뒤집었을 뿐이고 답이 뻔히 보이는 '지는 가위바위보'처럼 아주 단순합니다. **우리에게는 익숙해질 연습의 시간이 필요할 뿐이지요. 그 연습이 바로 질문 놀이인 것입니다.**

### 질문 놀이는 '뚫어뻥'

'뚫어뻥'이라는 도구를 아시나요?

흐르는 물이 막혔을 때 뚫어 주는 도구이지요. 질문 놀이는 시작점에서부터 막혀 있는 학생이나 교사 모두에게 도움이 되는 놀이입니다. 질문 놀이는 막힌 질문 수업의 '뚫어뻥' 도구가 됩니다. 학생들의 막혀 있었던 질문을 우리는 뚫어 주기만 하면 됩니다.

이제 '뚫어뻥'이라는 도구가 필요한 순간입니다. 한번 뚫어 주면 시원하게 길이 만들어지는 것과 같습니다.

다음에 소개하는 질문 놀이는 철학적 탐구공동체의 '까삼총사'에서 가져온 것이지만, 하브루타식의 변형이 이루어진 것입니다.

# Q3
## 가장 쉽게 할 수 있는 질문 놀이는?

**(1) 까바놀이 시작은?**

놀이는 대부분의 아이들이 좋아하는 소꿉놀이부터 꼬리잡기, 기차 놀이 등 몸으로 하는 놀이, 머리를 써서 노는 보드게임, 혼자서도 할 수 있는 컴퓨터게임까지 참 다양합니다. 그래서 아이마다 좋아하는 놀이의 형태가 다를 수밖에 없습니다. 또한 모든 아이가 놀이를 좋아하는 것은 아닙니다. 아이들에게는 놀이 자체보다는 어떤 놀이인가가 중요하지요. 아이들은 결국 자신의 성향에 맞는 놀이를 찾아서 하게 됩니다.

질문 놀이 역시 모든 학생이 좋아한다는 보장이 없습니다.

까바놀이가 성공하기 위해서는 학생들에게 "까바놀이란……"으로 시작하는 설명부터 해서는 안 됩니다. 아무리 재미있는 놀이라고 해도 학생들은 설명을 듣는 순간부터 흥미가 뚝 떨어질 수 있습니다.

놀이를 설명하기에 앞서 학생 스스로 그 게임에 대하여 고민해 보고 추측하게 하는 것이 중요합니다. 이 과정은 학생들의 호기심을 증폭시켜서 능동적이고 적극적인 참여를 이끌어 냅니다.

교사 : '까바'는 무슨 뜻일까요? 짝과 함께 추측해 보세요.

짝과 함께 각자의 생각들을 총동원하여 추리해 보게 합니다. 그런 다음 추리한 내용을 전체 학생들에게 공유하도록 합니다. 설사 학생들이 추리한 내용이 교사가 의도한 까바놀이가 아니거나, 이상한 놀이로 받아들였더라도 이 과정은 반드시 진행해야 합니다.

"까마귀 바나나 놀이, 까마귀처럼 날아서 입에 바나나를 물어 오는 놀이."

"까나리액젓 바나나놀이, 까나리 액젓에 바나나 주스를 만들어 먹어 보고 알아맞히는 놀이."

"귤을 까듯이, 양파를 까듯이 진실을 찾아가는 게임."

학생들은 '까바'를 다양한 의미로 해석하고 그것을 추리합니다. 추리한 내용을 친구들에게 전달하고 공유하는 과정에서 교실에는 웃음꽃이 핍니다. 교실에 웃음이 퍼지면 1단계는 성공한 셈입니다. 이때 교사가 의도한 내용이 나오지 않았다고 해서 "그건 아니야." 라고 해서도 안 되고, 반대로 교사가 의도한 내용이 나왔다고 해서 바로 "그렇지, 바로 그거예요." 라고 즉각적인 답을 해서도 안 됩니다. 대신 2단계 추리 작업으로 범위를 좁혀 가야 합니다.

교사 : 여러분이 추측한 놀이도 아주 재미있고 좋은 아이디어입니다. 그런데 선생님이 생각한 놀이와 조금 다른 것 같아요. 선생님이 생각한 놀이는 어떤 걸까요? 힌트를 드리겠습니다. 힌트는 '질문'이고, '까바'는 줄임말입니다. 다시 짝과 함께 추측해 보세요.

짝과 함께 다시 추리를 시작합니다. 질문이라는 힌트를 받은 대부분의 학생들은 '까'가 질문일 것이라는 추측을 합니다. 그 다음에 교사가 설명하면서 까바놀이 시연을 하면 학생들은 훨씬 흥미를 가지고 참여하게 됩니다. 까바놀이는 단순하기 때문에 바로 설명부터 들으면 재미있게 참여하기가 어렵습니다. 그러나 학생 스스로 고민하고 그 놀이를 유추하는 과정을 거쳤기 때문에 놀이가 재미있어지는 것입니다.

다시 한번 말씀드리지만 학생들에게 이 놀이를 안내할 때 무조건 처음부터 '이 놀이는 이렇게 하는 놀이입니다'라고 설명하지 않으시길 바랍니다.

**질문 수업은 시작도 언제나 질문이어야 합니다.**

그 내용을 알든지 모르든지 먼저 생각해 보게 하는 과정이 가장 중요합니다. 먼저 짐작하기, 추리하기, 유추하기 등 다양한 추론 과정을 거치면서 놀이에 다가가면 더 재미있게 참여할 수 있게 됩니다.

**(2) 까바놀이는 어떻게 하는 것일까요?**

까바놀이의 방법은 정말 간단합니다. 상대방이 하는 말을 그대로 받아서 맨 끝 문장만 바꾸면 됩니다.

* 학교에 왔습니다. → 학교에 왔습니까?
* 아침밥을 굶었습니다. → 아침밥을 굶었습니까?
* 독서가 제일 좋은 교육이다. → 독서가 제일 좋은 교육일까?
* 두꺼비는 연못에 산다. → 두꺼비가 연못에 살까?
* 엄마는 청소하신다. → 엄마는 청소하실까?

한마디로 풀이하는 문장을 그대로 받아서 묻는 문장으로 바꾸는 일입니다. 짝이 풀이하는 문장을 제시하면 다른 짝이 '까'로 끝나는 질문하는 문장으로 바꾸면 되는 것입니다. '까'로 끝나는 질문하는 문장으로 바꿨던 친구가 다시 풀이하는 문장을 새로 말하면 다른 친구가 다시 '까'로 끝나는 질문하는 문장으로 다시 질문합니다.

이때 약간의 긴박감과 미션이 주어지면 학생들은 흥미를 느끼고 더 열심히 참여하게 되면서 좀 더 재미있는 놀이가 됩니다.

방법이 쉽고 간단한 놀이일 경우에는 모두 참여할 수 있다는 장점이 있지만, 쉽게 지루해질 수 있기 때문에 대상과 시간, 주제, 미션 주기 등을 바꾸어 주는 게 좋습니다.

### 놀이 짝, 1:1로 주고받는 구조

까바놀이는 1:1의 구조로 이루어집니다. 두 명이 짝을 지어 하는 놀이입니다. 물론 교사와 학생 전체, 학생과 학생 전체를 대상으로 진행할 수도 있습니다. 그러나 기본 구조는 1:1의 상태인 '짝과 함께'를 지향합니다. 이때 짝은 옆 자리에 앉은 짝만 뜻하는 것이 아닙니다. 어떤 짝을 만나느냐에 따라 놀이의 참여도가 달라지기 때문에, 어떻게 짝을 구성해 주느냐에 따라 놀이의 취지를 잘 구현할 수 있습니다. 학생들이 다양한 친구들과 대화할 수 있도록 교사가 계속 짝을 바꾸어 주는 것이 좋습니다. 다양한 친구와 대화를 나눠 보는 것은 관계를 형성하고 소통하기 위한 첫걸음이기 때문입니다.

### 제한 시간을 주어라. 1분 동안의 미션

까바놀이는 정말 단순합니다. 그래서 미션과 같은 장치가 있어야 더욱 집중하기가 쉽습니다. 그럼 어떤 미션이 좋을까요? 우선 제한 시간을 주는 것이 좋습니다. 실제로 놀이가 되려면 시간이 한정적이어야 합니다. 스포츠, 게임 등 대부분의 놀이는 시간이 제한되어 있습니다. 축구, 농구 등 스포츠 경기에도 시간이 정해져 있고, 친구들끼리 놀이를 만들어서 할 때도 시간을 정하는 경우가 많습니다. 시간 제한이 없다면 금방 지루해질 수도 있습니다.

까바놀이의 제한 시간은 1분 정도가 적당합니다. 단순한 놀이이므로, 너무 길어지면 재미가 떨어집니다. 1분 정도의 짧은 시간은 학생들이 몰입하는 데 도움이 됩니다. 학생들에게 1분 동안 친구와 주고받은 문장의 개수를 세어 보게 합니다. 1분 동안 우리가 말할 수 있는 단문장의 수는 거의 일정합니다. 그러나 머릿속으로 생각한 것을 입

으로 말하는 것에는 속도 차이가 생기기 마련입니다. 그 속도 차이로 인하여 정해진 시간 안에 말하는 문장의 수가 사람마다 달라집니다. 학생들에게 말한 문장의 수를 세어 보도록 하면 학생들은 더 열심히 말하려고 노력하게 되는 효과가 있습니다.

처음 1분 동안은 생각이 잘 떠오르지 않아서 말을 잘 하지 못했던 학생들도 두 번째 만나는 친구와는 말을 잘하게 됩니다. 이미 생각을 한 번 만들어 봤기 때문입니다. 두 번째 친구와의 대화에서는 이미 만들어 낸 생각도 있지만, 첫 번째 짝과의 대화를 통해 새로운 생각을 더 많이 만들어 내기도 합니다. 그러다가 세 번째 친구와 만날 때쯤 되면 학생들은 정말 빠른 속도로 질문 놀이에 집중하게 됩니다.

**주제 제시**

까바놀이는 말을 주고받으면서 하는 놀이이기 때문에 주제가 필요합니다. 같은 주제라 해도 짝이 바뀌면 내용이 달라질 수도 있지만, 지속적으로 새로운 자극을 주기 위해서는 주제를 바꿔 주는 것도 좋습니다.

▶ **시간에 따른 주제**

– 하루의 시간 쪼개기 : 아침 시간, 점심시간, 체육 시간, 하교 후 등

– 지나간 시간 : 어제 있었던 일, 주말 동안 있었던 일, 유치원에서의 경험 등

– 특정한 날 : 현장학습, 운동회, 학예회 등

시간에 따른 주제는 구체적으로 제시하는 것이 좋습니다. 그냥 "아침 시간에 있었던 일로 해 봅시다." 라고 제시하면 학생마다 받아들이는 시간의 개념이 다르기 때문에 "아침 시간은 아침에 잠에서 깬 순간부터 학교 교문 들어오기 전까지로 하겠습니다." 라는 식으로 학생들이 명확하게 이해할 수 있는 구체적인 시간으로 표현해 주는 것이 좋습니다. 또한 시간이라는 주제는 무궁무진하게 쪼개어 나타내고 활용할 수 있습니다. '아침에 잠에서 깬 순간부터 학교 교문 들어오기 전까지' 라는 아침 시간이 있다면, 등교 후 '교문을 들어와서 수업 시작하기 전까지'의 아침 시간도 있습니다. 이렇게 시간을 쪼개면 쪼갤수록 학생들은 더 구체적인 생각을 할 수 있게 됩니다.

▶ **관찰**

- 장소 : 교실, 운동장, 복도,

- 사물 : 화분, 칠판, 책상, 책, 학습에 활동하는 모든 물건

- 그림 관찰 : 교과서 및 교사가 제시하는 그림


관심이 있어야 궁금한 것이 생기고 질문이 생기기 마련입니다. 그러나 관심이 그냥 생기지는 않습니다. 사람이든 사물이든 관찰이 필요합니다. 관찰을 하면 그 대상에 대하여 더 자세히 알게 될 뿐 아니라, 더 궁금해집니다. 이때 까바놀이로 관찰을 시작하는 것입니다. 이 경우는 수업 주제와 관련하여 학습동기 유발뿐 아니라, 본시 수업의 내용에 있어서 관찰이 필요할 때 많이 활용할 수 있습니다. 이어지는 수업 활용 예시를 살펴 활용해 보시길 바랍니다.


▶ **관계**

- 친구 간의 이야기

- 가족 문장 만들기

- 자신의 상황이나 감정 말하기


관계나 마음이 드러나는 문장으로 까바놀이를 할 때는 조금 주의할 필요가 있습니다. 말하고 싶지 않은 학생들도 있고, 부정적인 말을 쏟아내는 학생들도 있습니다. 이럴 경우, 까바놀이가 익숙해지고 서로의 상호작용이 잘 일어난 후나 상담 시에 활용하면 좋습니다.

▶ 교사와 학생 상호작용

하루 중에 교사와 학생이 1:1로 눈을 마주 보고 이야기하는 시간이 얼마나 될까요? 솔직히 그날 학생의 얼굴을 봤는지 못 봤는지조차 기억나지 않는 경우도 많습니다. 수업 시간에 학생과 교사의 상호작용이 부족했다고 느끼시거나 소외된 학생이 있었다면 꼭 하교 시간에 활용해 볼 것을 권해 봅니다.

교사와 학생이 악수나 하이파이브를 하면서 한 문장 까바놀이를 하는 것입니다. 학생이 오늘 학교에서 지낸 이야기를 하면, 교사가 '까'로 끝나는 질문 형태의 문장으로 바꿔 보는 것이지요. 이때 따뜻한 시선과 표정으로 학생의 눈을 마주 보아야 합니다. 학생이 어떠한 말을 하더라도 그것을 긍정적으로 받아들여야 합니다.

* A학생 : 공부를 열심히 했습니다.
  교사 : 공부를 열심히 했습니까?
* B학생 : 기분이 좋지 않습니다.
  교사 : 기분이 좋지 않습니까?

교사와 손을 맞잡고 이야기하면 학생들은 하루 생활 중에 자신이 표현하고 싶은 것을 한 문장으로 만들어 옵니다. 공감받기 위한 이야기이기도 하고 자신이 선생님께 들려주고 싶은 문장을 만들어 오기도 합니다. 그리고 교사가 '~까?'로 물어봐 줄 때 답할 것을 준비하여 말하기도 합니다.

까바놀이에서는 위 형태 문장 주고받기만으로도 이루어집니다. 그러나 학생은 교사가 '~까'라고 되물어 주는 순간, 다음과 같이 자신의 상황이나 마음을 전달하고 싶어서 답을 하는 경우가 많습니다.

* 학생 : 제가 진짜 오늘 공부 열심히 했어요.
* 학생 : 00이랑 **싸웠어요.**

질문은 또 다른 답을 찾아가게 해 준다는 것을 보여 줍니다.

교사와 마주 보고 있지만 교사의 훈시가 아닙니다. 학생들은 자신의 마음과 상황만 전달하면 되기 때문에 부담이 없습니다. 학생들이 편하게 자신을 표현하는 그 순간에 교사와의 긍정적 상호작용이 일어나는 것입니다.

### (3) 까바놀이의 장점은?

까바놀이의 장점은 무엇일까요? 짧은 시간 동안 진행되는 이 놀이의 방법은 너무도 단순합니다. 그러나 정말 놀라울 정도로 큰 효과가 숨어 있습니다.

**잘 듣게 됩니다.**

이 놀이의 가장 좋은 점은 상대방의 말을 잘 듣게 된다는 것입니다. 상대방이 하는 말을 그대로 받아서 '까'로 끝나는 질문 형태의 문장으로 바꾸어야 하므로 그 문장을 잘 듣지 않으면 놀이를 할 수가 없습니다. 또한 상대방의 말을 잘 듣고, 다시 되뇌어 말하게 됨으로써 상대방과 상호작용하는 힘을 길러줍니다. 처음 이 놀이를 질문 수업에 도입한 이유는 상대방의 말을 잘 듣게 하기 위함이었습니다.

### 기다림을 배우게 됩니다.

이 놀이는 상대방의 말을 끝까지 잘 들어야 자신이 말할 수 있습니다. 짝이 말하는 중간에 끊을 수는 없습니다. 그러면 놀이가 진행되지 않기 때문입니다. 자신의 말을 하기 위해서는 상대의 말이 끝나기를 기다려야 한다는 것을 배우는 시간이 됩니다.

### 관찰력이 좋아지고, 자세히 보는 힘이 길러집니다.

〈그림 보고 까바꾸기〉라는 미션을 줍니다. 그러면 학생들은 그림의 상황을 보고 문장을 만들기 위해 노력합니다. 이 과정에서 그림을 자세히 보게 됩니다. 그림 속에 나와 있는 상황만을 전달해야 하므로 관찰한 그대로 문장을 만듭니다. 풀이하는 문장과 질문 형태로 바꾼 문장으로 주고받으면서 그림 속의 상황을 이해하게 됩니다.

* 초록불입니다. → 초록불입니까?

* 손을 들고 건넙니다. → 손을 들고 건넙니까?

* 00은행이 있습니다. → 00은행이 있습니까?

* 차가 멈추었습니다. → 차가 멈추었습니까?


## 상황 파악 능력이 좋아집니다.

그림을 보면서 까바놀이를 하다 보면 그림 속 상황을 파악할 수밖에 없습니다. 학생들이 입 밖으로 내는 말들은 그 장면의 상황을 표현하는 문장들입니다. 그러다 보니 자연스럽게 주변의 상황을 파악하는 능력이 키워집니다. 학생들은 초록불에 길을 건넌다는 것을 배우지 않아도 자연스럽게 차가 멈춘 후에 길을 건너야 된다는 것을 인식하게 됩니다.


## 합리적 의심을 하게 됩니다.

짝의 말을 듣고 '까?'로 끝나는 질문 형태의 문장으로 바꾸는 과정에서 합리적인 의심도 생깁니다. 과연 상황에 맞는 문장인가에 고민도 하게 됩니다. 같은 그림 장면을 보고도 서로 다른 상황으로 바라볼 수 있음을 배우게 됩니다.

앞의 그림 속 학생은 학교 가는 길일까요? 아니면 하교하고 집으로 가는 길일까요? 순간적으로 본 그림을 단순히 바라본 것만으로는 알 수 없을지도 모릅니다. 두 학생의 대화를 살펴보겠습니다.

A학생 : 학교 가는 길입니다.
→ B학생 : 학교 가는 길입니까?

B학생은 짝이 전하는 문장을 '까'로 끝나는 질문형 문장으로 바꾸면서 고민을 하게 됩니다. '어, 이게 학교 가는 모습인가? 학교 마치고 집에 가는 길일 수도 있잖아?' 이러한 의심을 하게 되는 거지요. 그래서 이렇게 이야기합니다.

B학생 : 학교 마치고 집에 가는 길입니다.
→ A학생 : 학교 마치고 집에 가는 길입니까?

B학생의 문장을 듣고 A학생은 '까'로 끝나는 질문형 문장으로 바꾸는 과정에서 같은 장면도 사람마다 다르게 볼 수 있다는 것을 자연스럽게 터득하게 됩니다. 그러면서 또 생각하게 됩니다. 자신이 학교를 마치고 집으로 가지 않고 바로 학원을 가는 경험을 떠올리는 거지요.

A학생 : 학원 가는 길입니다.
→ B학생 : 학원 가는 길입니까?

이러한 과정에서 A, B학생은 학교를 마치고 집으로만 가는 게 아니라, 학원을 갈 수도 있고 다른 것을 할 수도 있는 여러 가지 경우의 수가 있음을 생각해 보게 됩니다.

**어휘력, 문장력이 좋아집니다.**

상대방이 하는 말을 통해서 문장 표현을 배우게 됩니다. 같은 상황이나 내용이라고 할지라도 서로 다르게 표현하고 있음을 놀이로 자연스럽게 배웁니다. 상대의 말을 그대로 따라서 말하다 보면 자신도 모르게 자연스럽게 새로운 문장을 익히게 됩니다.

초등학교 1학년 학생이라고 해도 사용하는 어휘 수는 차이를 보입니다. 따라서 같은 장면도 서로 다르게 표현하지요. 까바놀이를 하다 보면 친구들로부터 서로 다른 표현 방식을 배웁니다. 앞의 그림에서 자동차가 멈춰선 것을 본 1학년 학생들은 여러 가지로 표현합니다.

* 차가 멈췄습니다.
* 빨간 자동차가 멈췄습니다.
* 빨간 자동차는 정지선에 멈춰섰습니다.

차가 멈추었다고 표현한 학생은 분명 차가 멈춰선 것을 보고 한 이야기였을 겁니다. 그러나 그림 속 자동차가 특정 색깔을 띤다면 어떤 학생은 자동차 색깔로 그 차이를 분명하게 표현하고 있습니다. 구분 짓기 시작한 것이지요. 학생들은 같은 것을 바라보고 있었지만 다르게 표현할 수 있다는 걸 알게 됩니다. 그것을 그대로 따라 말하는 과정에서 또 다른 표현 방식을 배우게 되는 것이지요.

**공감하게 도와줍니다.**

"어제 있었던 일을 이야기해 보세요."

이렇게 이야기하면 학생들은 선뜻 입을 열려고 하지 않습니다. 그러나 놀이라고 생각하도록 하면 입을 열고 자연스럽게 자신의 상황을 전달합니다. '어제 있었던 이야기 까 바꾸기'라는 주제를 주는 것이지요.

* 학교에 갔습니다. → 학교에 갔습니까?
* 햄버거를 먹었습니다. → 햄버거를 먹었습니까?
* 어제 기분이 나빴습니다. → 어제 기분이 나빴습니까?

이렇게 한 사람이 어제 있었던 일을 한 문장으로 말하면 짝은 그것을 '까'로 끝나는 문장으로 바꾸어 말하면 됩니다. 어떤 학생은 햄버거를 먹은 경험, 어떤 학생은 그날의 좋지 않았던 기분을 전달하기도 합니다. 이때 자연스럽게 상대방에 대한 관심이 생기게 됩니다.

'이 친구는 어제 왜 기분이 나빴을까?'

갑자기 궁금해질 것입니다. 그러면 까바놀이의 상황을 잊고 자신도 모르게 물어보게 됩니다.

"어제 왜 기분이 안 좋았어?"

실제로 이런 일은 자주 일어납니다. 놀이를 하고 있는 학생들 사이에서 자신도 모르게 친구의 상황에 공감하면서 물어보고 있는 모습을 목격하게 됩니다. 친구가 기분이 좋지 않았던 이유까지 묻지는 않더라도, 적어도 친구의 상황을 인식하고 공감합니다.

이렇게 지난 시간에 대한 까바 놀이는 1석 2조가 되는 셈입니다. 특별한 도구 없이 친구를 이해하고 상대방에 대하여 공감할 수 있는 간편한 놀이가 됩니다. 놀이를 하고 난 학생들은 '친구가 기분이 나빴습니까? 라고 되물어 주었을 때 나에게 관심 가져주는 것 같고 공감받는 것 같아 울컥했어요.' 라고 말합니다.

'자신의 상황, 감정 까바꾸기' 라는 주제 제시도 마찬가지입니다.

* 친구가 전학을 가서 슬픕니다. → 친구가 전학을 가서 슬픕니까?
* 엄마에게 혼이 나서 마음이 상했습니다. → 엄마에게 혼이 나서 마음이 상했습니까?

어제 있었던 일이나, 현재 자신에게 일어난 일 까바놀이 후에 자신의 감정이나 상황으로 까바놀이를 합니다. 자신의 감정을 드러내기 위해서는 상황에 대한 까바놀이 후에 하는 것이 좋습니다. 친구들과 함께 놀이를 통해서 자신의 감정을 드러내는 것은 어려운 일이기 때문입니다. 먼저 상황 속에서 감정을 찾아가면 쉽게 말문을 열게 되고 놀이를 통해 공감받는 경험을 합니다.

**새로운 지혜를 습득하게 됩니다.**

'속담이나 격언, 명언 까바꾸기' 주제로 까바놀이를 해 보겠습니다.

* 발 없는 말이 천리를 간다. → 발 없는 말이 천리를 갈까?

\* 말이 씨가 된다. → 말이 씨가 될까?

속담이나 격언 등 명언으로 까 바꾸기 놀이를 해 보면 아이들이 생각보다 좋은 글귀를 잘 모르고 있다는 사실을 알게 됩니다. 독서량이나 관심의 차이에 따라 조금씩 다르긴 하지만, 아예 이러한 글귀를 말하지 못하는 경우도 있습니다. 그러나 짝 이동 활동을 통한 '까바꾸기'를 하면 새로운 친구를 만날 때마다 새로운 속담, 명언을 만나게 됩니다. 친구에게 새로운 것을 듣고 또 다른 친구에게 새로운 것을 입으로 전달하게 됩니다. 까바꾸기 놀이를 통해서 새로운 지식과 지혜를 습득하게 되는 거지요. 그리고 학생들은 궁금증을 가지며 스스로에게 새로운 질문을 던지게 됩니다.

"발이 없는 말이 왜 천리를 가는 것일까?"

학생들이 스스로 새로운 질문을 던질 수 있게 도와주고 지혜를 쌓아가는 데 도움이 됩니다.


### (4) 까바놀이의 수업 활용은?

질문 놀이가 아무리 좋다고 해도 수업과 별개로 이루어진다면 큰 효과를 볼 수 없습니다. 질문 놀이는 수업 시간에 활용할 수 있을 때 더 효과를 발휘하게 됩니다. 앞에서 제시한 그림은 1학년 안전한 생활의 교과서 표지 그림과 같은 내용의 그림입니다. 그림을 보고 상황을 찾는 까바놀이는 교사가 설명해 주지 않아도 학생들 스스로 그림에서 상황을 판단하고 안전의식을 익히게 됩니다. 1학년 학생들이 까바놀이를 할 때 주고받는 말을 보면 스스로 상황을 더 잘 표현하고 있음을 알 수 있습니다. 짝끼리 대화하는 내용을 보면 이미 상황을 이해하고 있으며 더 나아가서는 자신의 말로 스스로 내면화하고 있습니다.

　3학년 사회과 〈옛날과 오늘날의 모습〉의 사진을 보면서 까바놀이를 통해서 옛날과 오늘날의 생활 모습 차이를 학생 스스로 재미있게 익힐 수 있습니다.

◎ (까바놀이) 옛날과 오늘날의 생활 모습 살펴보기 (✔1차)

　•오늘날의 생활 모습 살펴보기

　− 그림에 보이는 모습을 문장으로 말하고 '까'로 끝나는 문장으로 바꾸기

　− '오늘날에는'이라는 문구 넣어서 문장 말하기

　•옛날의 생활 모습 살펴보기

　− 그림에 보이는 모습을 문장으로 말하고 '까'로 끝나는 문장으로 바꾸기

　− '옛날에는'이라는 문구 넣어서 문장 말하기


◎ (연결 놀이) 오늘날과 옛날의 생활 모습 차이점 살펴보기 (✔2차)

　− 오늘날에는 자동차를 탑니다. → 옛날에는 말을 탔습니다.

　− 의식주, 놀이 중심으로 변화된 모습 연결하기

　− 옛날과 오늘날의 비슷한 점 말하기

• 옛날의 생활 모습 •

• 오늘날의 생활 모습 •

그림을 보고 말하는 과정에서 학습의 내용을 자연스럽게 익히게 됩니다. 그림의 상황이 다양하게 제시되어 있기 때문에 지루해하지 않고 놀이로 인식합니다. 여기에 짝을 바꾸어 가면서 까바놀이를 하면 더 재미있게 참여할 수 있습니다.

위의 까바놀이로 오늘날과 옛날의 생활 모습을 확인하였다면 연결 놀이로 옛날과 오늘날의 차이점을 연결하여 말합니다. 이러한 놀이의 접목으로 수업의 목표에 더 쉽게 도달할 수 있습니다. 교사의 설명 없이도 질문 놀이로 충분히 학생 스스로 익힐 수 있게 됩니다. 중간중간 학생들이 잘 모르는 옛날 용어들은 교사가 칠판에 적어 학생들이 용어를 익힐 수 있도록 도와주면 됩니다.

이렇듯 까바놀이는 한 차시 안에 다양하게 구현하여 사용할 수 있는데, 한 시간 내용 안에 조금씩 접목하여 활용하는 것이 좋습니다. 1학년 안전한 생활이나 3학년의 옛날과 오늘날의 생활에서 보듯이 한 차시 안에 모두 활용할 수도 있지만 질문을 만들기 전이나 학습용어의 반복적 익힘 등에 활용할 수 있습니다.

<h1>〈까바놀이 사회 수업디자인 예시〉</h1>

| 교과 단원 | 사회/ 2. 달라지는 생활 모습 | | | 학년 | 3학년 | 교사 명 | ○○○ |
|---|---|---|---|---|---|---|---|
| 성취 기준 | 사4041. 조상들의 옛날 생활 모습을 알 수 있는 자료(예: 사진, 그림, 책, 지도 등)를 찾아 오늘날 생활 모습과의 차이점을 비교하여 이해할 수 있다. | | | | | | 질문 수업 형태 |
| 배움 주제 | 오늘날과 옛날 사람들의 생활 모습 살펴보기 | | | | | | 까만놀이 질문 수업 |

| 평가 문항 | 핵심 질문 | 평가수준 | | | 평가 시기 | 평가 방법 |
|---|---|---|---|---|---|---|
| 오늘날과 옛날 사람들의 생활 모습에서 차이점을 찾을 수 있다. | 오늘날과 옛날 사람들의 생활 모습은 어떻게 다를까? | ◎ | 매우 잘함 | 옛날과 오늘날의 생활 모습의 변화를 나의 생활에서 예를 들어 말할 수 있다. | 4차 | 교사 평가 (공책) |
| | | | 잘함 | 옛날과 오늘날의 생활 모습의 변화를 예를 들어 말할 수 있다. | 3차 | 학생 상호 평가 교사 평가 |
| | | ○ | 보통 | 옛날과 오늘날의 생활 모습에서 유사점이나 차이점을 찾아 말할 수 있다. | 2차 | 학생 상호 평가 관찰 |
| | | △ | 노력 요함 | 옛날과 오늘날의 생활 모습을 그림에서 찾아 말할 수 있다. | 1차 | 학생 상호 평가 관찰 |

| 수업자 의도 | 까바놀이는 단순한 문장을 질문으로 바꾸는 놀이이다. 상대방의 말을 잘 들어야 질문으로 바꿀 수 있다. 말하기와 듣기가 동시에 원활하게 이루어지는 놀이이다. 단순한 놀이지만 3학년 단계에서는 말하기와 듣기 연습인 동시에 상황을 파악하는 능력을 기를 수 있는 효과적인 놀이이다.<br><br>본 차시에서는 옛날과 오늘날 사람들의 생활 모습을 비교하여 생활 모습이 변해 가고 있음을 이해하는 데 중점을 둔다. 교과서에 제시된 그림을 자세히 살펴보기 위해 '까바놀이'를 활용하고자 한다. |
|---|---|

| | 배움 활동 | 자료 및 유의점 |
|---|---|---|
| 생각 열기 | ◎ 1분 까바놀이(어깨 짝)<br> – 자신의 생활 모습 이야기하기<br>◎ 핵심 질문 제시하기<br> 오늘날과 옛날 사람들의 생활 모습은 어떻게 다를까? | 3′<br>* 까바놀이에 대한 학생들의 사전 이해가 필요 |
| 생각 나누기 | 옛날과 오늘날 생활 모습 –까바놀이 (✓1차)<br>◎ (까바놀이) 옛날과 오늘날의 생활 모습<br> – 교과서 62~63쪽 그림 살펴보기<br> – 그림에 보이는 모습 문장으로 말하고 '까'로 바꾸기<br> – '오늘날에는' 넣어서 문장 말하기 | 10′<br>* 학생 개인 공책<br>* 그림에 손가락으로 제시하면서 이야기하기 |

| | | |
|---|---|---|
| 생각<br>나누기 | • 옛날의 생활 모습 살펴보기<br>　– 교서 64~67쪽 그림 살펴보기<br>　이끔1 옛날에는 초가집이 있습니다.<br>　　→ 옛날에는 초가집이 있습니까?<br>　– 그림에 보이는 모습 문장으로 말하고 '까'로 바꾸기<br>　– '옛날에는' 넣어서 문장 말하기<br><br>　 차이점과 비슷한 점 찾기 –연결 놀이 　(✓2차)<br>◎ (연결 놀이) 옛날과 오늘날의 생활 모습의 차이점과 비슷<br>한 점_짝 이동 활동<br>　– 오늘날과 옛날의 생활 모습 차이점 살펴보기<br>　이끔2 오늘날에는 자동차를 탑니다. → 옛날에는 말을 탑니다.<br>　– 의, 식, 주, 놀이 중심으로 변화된 모습 연결하기<br>　– 옛날과 오늘날의 비슷한 점 말하기<br><br>　 생활 모습의 변화 말하기 　(✓3차)<br>◎ 생활 모습의 변화 말하기<br>　– 오늘날과 옛날 사람들의 생활 모습의 변화를 예를 들어<br>설명하기<br>　– 자신의 삶과 연관지어 생활 모습의 변화 이야기하기 | 15′<br>* 짝 이동 활동의 공유<br>활동을 통해서 오개<br>념을 확인할 수 있도<br>록 도와준다.<br><br><br><br><br><br><br><br><br><br>* 범위가 너무 넓어지<br>지 않도록 교사가 의<br>식주 중심으로 칠판<br>에 안내하기 |
| 배움<br>내면화 | ◎ 배움 글쓰기 (✓4차)<br>　– 오늘날과 옛날의 생활 모습은 어떻게 다른가요?<br>　– '옛날, 오늘날'을 넣어서 변화된 생활 모습 글쓰기<br>◎ 차시 예고 | 5′<br>이끔 질문에 대한 학<br>습대화를 배움 글쓰기<br>로 작성하게 한다.<br>〈까바놀이 사회 수업<br>디자인 예시〉 |

## Q4
# 질문의 넓이를
# 더할 수 있는 질문 놀이는?

**(1) 까만놀이란?**

까바놀이처럼 학생들에게 먼저 추측해 보게 하는 것이 중요합니다. 까바놀이에서 추측이라는 것을 해보았다고 해서, '간단한 거니까'라고 바로 설명해서는 안 됩니다. 앞에서도 말씀드린 것처럼 '설명을 듣는다'는 것 자체가 흥미를 떨어뜨리기 때문입니다. 까만놀이의 **추측 과정 자체가 바로 놀이이고, 적극적 참여를 이루어 냅니다.**

교사 : '까만'은 무슨 뜻일까요? 짝과 함께 추측해 보세요.

이번 경우도 짝과 함께 이야기를 나누며 추측하게 합니다. 이것이 바로 대화의 시작이 됩니다. 짝 대화를 통해 추측한 결과를 학급 전체에 공유합니다.

"까맣게 색칠하기"

"'까'로 주고받기, 짝이 '까'로 말하면 답을 '까'로 하기"

"까 만들기, 질문을 계속 만들기"

이미 까바를 익히고 난 학생들이기 때문에, 이 또한 질문 놀이의 형태로 유추하기 시작합니다. 어떤 것이 맞다 틀렸다가 아님을 알려주는 것도 중요합니다. 다양한 방법 중에서 교사가 의도하는 것이 있다고 해도, 그것을 정답이라고 표현해서는 안 됩니다. 다양한 아이디어를 존중해 주고 그중에서 교사가 의도한 것과 같은 것이 있음을 알려주는 것입니다. 주제나 상황을 주면 그것을 가지고 계속 질문을 만들어 내는 놀이입니다. 질문을 계속 만들어 내기만 하면 됩니다.

교사 : '까만'은 '까만들기'의 줄임말로써 질문을 계속 만드는 것을 뜻합니다. '책상'을 주제로 계속 질문을 만들어 보세요.

〈주제 : 책상〉

* 책상은 몇 개입니까?

* 교실 책상은 왜 네모 모양입니까?

* 책상 다리가 왜 2개밖에 없습니까?

* 책상에 고리가 있습니까?

* 고리는 물건을 걸기에 적당합니까?

* 책상 모서리가 둥근 이유는 무엇입니까?

* 고리는 왜 구부러져 있습니까?

* 책상을 우리들이 사용하기에 적당합니까?

이렇게 주제에 맞는 질문을 계속 만들어 가는 것입니다. 답을 하는 것이 아니라, 이번에는 다양한 종류의 질문을 많이 만들어 내는 것입니다.

### (2) 까만놀이는 어떻게?

까바놀이의 단순함처럼 까만놀이 역시 단순한 구조입니다. 그저 '~까'로 끝나는 질문 형태의 문장만 만들면 되니까요. 그러나 앞서 말한 것처럼 놀이가 너무 단순하면 흥미를 금방 잃을 수 있습니다. 까만놀이가 재미있어야 학생들은 수업에 잘 참여합니다. 까바놀이가 시간 제한을 두고 직관적인 것을 표출하는 방식을 통해 재미 요소를 가져오는 놀이라면, 까만놀이는 **친구와의 협력 관계를 통한 재미를 추구**하기 때문에 짝과의 긴밀도가 무엇보다 중요합니다.

**놀이 짝, 경쟁이 아니라 협력 관계**

까바놀이와 달리 까만놀이는 짝과 주고받는 형태의 놀이가 아닙니다. 협력 구조로 게임이 진행됩니다. 한마디로 질문을 혼자 만드는 것이 아니라 함께 만드는 것입니다.

혼자 질문을 만드는 것과 함께 질문을 만드는 것.

어떤 차이가 있을까요? 혼자서 질문을 만들어서 누군가와 경쟁을 해야 한다고 생각한다면 학생들은 부담스러울 수 있습니다. 질문한다는 것 자체가 익숙하지 않기 때문입니다. 짝과 함께 만들다 보면 부담도 줄이고 사고의 확장도 빨리 일어납니다. 여기서 중요한 것은 **짝과 함께 한 팀으로 움직인다고 해서, 다른 팀과 경쟁 구도를 이루는 것이 아닙니다. 교실의 모든 학생이 한 팀**이 되는 것입니다. 까만놀이는 학급 전체에게 주어진 미션을 수행하는 것입니다.

놀이인데, 왜 다른 팀과 경쟁을 하는 구도가 아니냐고요?

수업 시간이 서로의 우열을 가리고 승자와 패자를 만드는 시간이 되어 버린다면 어떨까요? 진정한 배움이 이루어지는 곳에서는 경쟁보다 협력을 추구해야 합니다. 배움의 공간에서는 함께 나누고 함께 성장하는 방향으로 나아가야 합니다. 경쟁이 배움을 위한 도구로 쓰인다면, 많은 아이들은 일찍부터 승자와 패자로 나뉘는 삶을 살아가게 됩니다. 까만놀이는 협력 관계를 통한 즐거운 놀이입니다. 상대와 꼭 경쟁할 필요가 없습니다. 놀이, 그 자체로서의 의미도 있지만, 모두가 함께하는 협력의 구조를 이룰 때 더 많은 의미를 지닙니다.


### 이동을 통한 놀이 짝의 변화

질문을 한다는 것은 학생들 각자의 문화적 지능을 드러내는 일입니다. 학생들의 생각은 질문을 통해서 다양하게 드러납니다. 100인 100색이라는 말처럼 질문을 만드는 형태도, 문장을 구성하는 형태도 다릅니다. 놀이 짝을 이동시켜 변화를 주는 것은 학생들 각자의 문화적 지능을 공유하는 효과를 가져옵니다. 새로운 생각들을 접할 기회를 부여한다는 측면에서도 놀이 짝의 이동은 중요합니다. 친구들의 질문을 통해서 새로운 관점을 배우게 됩니다. 또한 짝의 변화는 재미를 증가시켜 줍니다.

놀이 짝을 변화시키면, 옆 팀이었던 친구가 나의 짝이 되기도 합니다. 이런 형태는 다른 팀과 경쟁을 해야 한다는 생각에서 벗어날 수 있게 해 줍니다. 놀이 짝이 계속 바뀌는 과정에서 다른 팀과 경쟁하는 것이 아니라 서로가 협력 관계라는 것을 자연스럽게 배우게 되는 것입니다.

**놀이 짝의 방법**

* 주제 제시 : 장소, 사물, 그림, 교과서 내용 어떤 주제도 상관없습니다.

* 제한 시간 : 10~20분 (또는 적게)

* 학급 전체 미션 : (가장 많은 질문을 만든 개수 + 가장 적게 만든 학생의 개수)÷2

미션은 주제에 따라, 학급의 상황에 따라 적절히 활용합니다. 단, 그 미션의 수행이 반드시 전체 학생의 협력적인 구도를 만들 수 있어야 한다는 것만 주의하면 됩니다.

### (3) 까만놀이의 장점은?

**부담 없이 다양한 질문들을 만들 수 있습니다.**

'질문'이라는 것 자체를 부담으로 느끼는 학생들에게 쉽고 재미있게 다가갈 수 있도록 도와줍니다. '놀이'처럼 부담이 없다는 것입니다. 혼자가 아니고 함께 만드는 것이기에 편안하게 만들 수 있습니다. 친구를 통해서 이 세상에 나올 수 있는 다양한 질문의 형태를 만날 수 있게 됩니다.

**많은 친구와 대화할 수 있습니다.**

놀이 짝이 바뀌다 보면 같은 반 친구를 1:1로 계속 만나게 됩니다. 만나야 질문을 만들 수 있고, 또 대화해야 함께 질문을 만들 수 있습니다. 배움의 장에서 그 무엇보다 중요한 것은 사람을 만나는 일입니다. 사람과 대화를 해야 소통 구조를 형성하게 되는 것입니다. 까만놀이를 통해서 학급 친구들 모두 생각을 공유하고 대화할 수 있게 됩니다.

**다양한 관점으로 바라보게 됩니다.**

'함께 만든다'

그것 자체가 서로 다른 관점을 나누는 것이 됩니다. 사람마다 관점이 다르고, 바라보는 방향이 다릅니다. 경험도 다르고요. 궁금한 점도 다릅니다. 둘이 짝을 지어 대화하면서 질문을 만들다 보면  빠른 시간 내에 다양한 시선으로 세상을 바라보게 됩니다.

책상이라는 사물을 두고도 디자인에 관심이 많은 학생이라면 다음과 같은 질문을 만들어 냅니다.

* 책상의 모서리 부분은 왜 둥글까?

* 책상의 색깔은 어떤 것이 좋을까?

* 책상 앞부분 곡선 처리는 꼭 필요할까?

하지만 사용자에 중점을 두고 바라보는 학생의 경우는 다음과 같이 질문이 달라집니다.

* 책상의 높이는 사용하기에 적당한가?

* 사용자에 따라 높이 조절은 가능할까?

* 책상의 주인은 책상을 좋아할까?

* 책상 다리는 앉았을 때 불편하지 않을까?

* 이 책상을 쓰는 학생은 행복할까?

각자의 방향으로 질문을 만든 다음, 서로의 생각을 공유하게 됩니다. 디자인을 고민할 때 사용자의 편리도 고민해야 한다는 것을 친구의 질문을 통해서도 알게 됩니다. 멋진 디자인도 중요하지만 그것을 사용하는 이에게도 편리해야 한다는 것을 배우게 되는 것입니다.

**서로가 서로에게 조력자임을 배우게 됩니다.**

세상에는 혼자 하는 것보다 함께 할 수 있는 것이 더 많으며, 함께 하는 것이 더 많은 가치를 지닌다는 것을 배우게 됩니다. 까만이 '질문만 만들기'라고는 하지만 질문의 속성상, 답을 찾아가게끔 되어 있습니다. 질문을 만들다 보면 자신들도 모르게 질문에 대한 이야기를 나누게 되고, 그 과정에서 자연스레 지식을 공유하며 다른 생각들을 배웁니다.

짝의 질문을 받아 더 깊이 있는 질문을 만들기도 하고 두 개의 의미를 연결하기도 합니다. 이런 과정을 통해 짝이 경쟁에서 승자와 패자가 되는 것이 아니라 서로의 조력자가 됨을 체험으로 익히는 것입니다.

**재미가 있습니다.**

함께함으로써 지루함을 덜어 줍니다. 또한 질문과 대화를 함께하기 때문에 몰입도가 올라갑니다. 짝의 변화로 새로운 친구를 만나는 즐거움을 더하게 됩니다.

### (4) 까만 수업 적용은?

질문 놀이 중 까만은 거의 차시마다 활용되는 놀이입니다. 수업을 시작하기 위한 질문 만들기가 바로 '까만놀이'이기 때문입니다. 학생 질문 만들기의 방법과 활용법은 앞서 나온 《교실이 살아 있는 질문 수업》에 차시별 수업이 잘 소개되어 있습니다. 차시별 질문을 활용할 수 있지만, 전체 내용을 확인하고 수업에 참여한다는 의미에서 단원 재구성에 활용할 수 있습니다.

질문만으로도 단원개관을 할 수 있지만 실제로 사회나 과학교과에서는 학생들에게 생소한 용어들이 나온다. 그것을 확인하고 제대로 익힐 수 있도록 〈단어카드〉 만들기를 하면 좋다.

▶ **모르는 단어나 핵심 단어라고 느껴지는 단어 적기**
 – 질문 만들기를 하면 생각보다 학생들의 질문 속에 텍스트 질문들이 많다. 질문을 만들 때 한 번 적고 또 단어카드에 한 번 더 적어 보면서 용어에 익숙해지는 효과가 있다.
 – 단어카드는 수업 시간에 여러 가지 형태로 활용하기도 좋다. 이것을 만들어 주면 학생들은 공부보다는 놀이라는 생각으로 즐겁게 배우게 된다.

▶ **카드 제작**
 – A4용지의 1/8 사이즈 정도
 – 너무 얇은 종이보다 머메이드지 정도가 적당

## (5) 까만놀이를 통한 단원개관학습 (넓이 추구)

단원 재구성이 중요하다 해도, 교사의 입장에서는 진도 나가기도 바쁜데 그것이 꼭 필요할까 하는 생각이 들기 마련입니다. 한 학기나 학년 전체로 이루어지는 프로젝트 수업이라면 더욱 좋을 것 같습니다. 그러나 이것이 현실적으로 어렵다면 각 교과 내에서도 재구성이 필요합니다. 그것조차 여의치 않다면 각 단원 내에서라도 재구성이 필요합니다. 물론 교과서의 차시를 따라 수업을 할 수도 있을 것입니다. 학습하게 될 영역을 한 번 훑어보는 것과 그냥 학습을 바로 시작하는 것에는 차이가 나기 마련입니다.

**까만놀이를 통한 단원 훑어보기**

학생들이 무엇을 배우게 될지 스스로 찾아보게 하는 것이 중요합니다. 수업의 동기 유발은 어떻게 시작하시나요? 궁금하지 않으면 학생들의 수업 참여 의욕도 떨어집니다. 그래서 선생님들은 어떻게든 다양한 자료도 준비하고, 여러 가지 방법을 강구하여 학생들의 흥미를 끌기 위해 노력합니다. 그러나 **가장 좋은 자극제는 스스로 알고자 하는 것**입니다.

'질문 만들기를 통한 단원 훑어보기'는 스스로 자극제가 되도록 만드는 과정입니다. 또한 이것을 통해서 학생들의 학습 상황을 파악하고 학습자 요구 분석을 하여 참여 의지를 가지도록 하지요.

### 단원개관을 위한 까만놀이 방법

학생들의 호기심을 자극하고 배움이 깊어지게 하기 위한 방법을 고민하게 됩니다. 보통 한 단원의 차시가 10~12차시 정도 되는데, 단원개관을 2차시 분량으로 한다면 전체 12차시 중 까만놀이가 1/6 정도를 차지합니다. 더구나 적지 않은 비중이기 때문에 그냥 단순히 훑어보는 것이 아니라, 이 활동이 재미있고 다음 학습에도 효과 있게 활용될 수 있어야 합니다.

단원개관을 왜 질문 만들기로 하냐고 반문할 수도 있을 것입니다. 여기에서는 학생들의 질문 만들기 과정이 얼마나 효율적인가에 대해 말할 필요는 없을 것 같습니다. 질문이 가지는 속성을 활용하여 전체를 살펴볼 수 있도록 도와주는 것이 좋습니다. **이 과정에서 가장 중요한 것은 재미를 줄 수 있어야 한다는 것입니다.** 그래야 단원학습 전체에 학생들이 몰입할 수 있기 때문입니다.

### ▶ 공간의 움직임을 활용하라 (원칙 2 참고)

교실 안이 아니라 교실 밖에서 질문 만들기를 하면 좋습니다. 학생들은 교실보다 밖을 좋아하는 경향이 있습니다. 물론 이때에도 교실과 교실 밖 중에 선택을 하게 해야 합니다.(원칙 3 참고) 학생들에게 결정권을 주면 책임감 또한 높아집니다. 교실 안에서 한다면 책상을 치우고 교실 바닥에서 하는 것도 좋습니다. 어떤 방식으로 하더라도, 학습의 재미를 돕고 몰입을 만들어 내는 것이 중요합니다.

### ▶ 짝과 함께 소리 내어 책 읽기 + 질문 만들기

- 책을 읽고 질문을 만드는 과정에서 학습할 내용을 미리 보게 되고 질문을 만들면서 자신이 아는 것과 모르는 것을 구분하게 됩니다. 또한 호기심이 증대됩니다.
- 공책에 질문을 작성합니다.

### ▶ 까만놀이로 질문 만들기 + 짝 이동 활동

- 한 짝에 3분 정도의 시간을 줍니다.
- 2쪽 분량의 책을 읽고 질문 2~3개를 만듭니다.
- 짝 바꾸어 계속 질문을 만들어 질문의 수를 늘립니다.

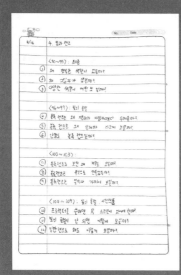

• 까만놀이로 질문 만들기(과학) •

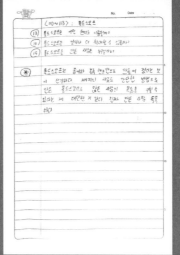

• 까만놀이로 질문 만들기(과학) •

| 흐름 | 내용 |
|------|------|
| 도입 | 1) 그림이나 글 읽고 질문 만들기<br>　– 글 소리 내어 읽기, 그림 살펴보기<br>　– 5가지 이상 질문 만들기 (질문 다양성 확보)<br>　– 짝과 함께 만들기 |
| 전개 | 2) 질문 선택(질문 초점화)하고 짝 대화하기<br>　– 핵심 질문과 관련 있는 질문 선택하기<br>3) 자신의 질문 가지고 대화하기<br>　– 짝 대화하기 / 짝 이동 활동(회전식)<br>4) 이끎 질문으로 전체 생각 나누기<br>　– 짝 대화<br>　– 전체 토론 |
| 정리 | 5) 자신과의 대화 –생각 글쓰기 및 공유 |

### (6) 질문 교환으로 증가하는 까만놀이(깊이 추구)

단원개관에서 전체의 내용을 훑듯이 질문을 만들었다면 이 경우는 하나의 내용을 좀 더 깊이 있게 이해하기 위한 까만놀이입니다. 국어 학습에 활용하면 독해력을 향상시킬 수 있으며, 사회과나 도덕과에서는 다양한 관점으로 주제를 바라보게 됩니다. 까만놀이 역시 수업 시간에 최대로 활용할 수 있을 때 그 효과를 발휘하게 됩니다.

국어수업을 예로 들어 까만놀이를 설명해 보려고 합니다. 국어교과를 디자인할 때, 특히 질문 수업을 시작할 때 교사들이 생각할 거리가 몇 가지 있습니다.

**긴 지문을 수업 시간에 읽혀야 할까?**

긴 지문을 읽는데 많은 시간을 소요하면 수업에 방해가 된다고 생각하는 경우가 많습니다. 그래서 과제로 제시하거나 아침자습 시간을 활용하게 되는데 과연 효과가 있을지 의문입니다. 학생들이 자발적으로 흥미를 느낀다면 다행이지만 사실, 다인수 학급에서 몇몇 학생들을 제외하고는 건성으로 읽기 마련입니다. 그렇다면 수업 시간에 읽어야만 합니다. 그러나 또 다시 다음과 같은 질문이 생겨납니다.

**긴 지문을 지루하지 않게 몰입해서 읽힐 방법은?**

수업 시간에 함께 읽는다고 해서 학생들 모두가 몰입해서 책을 읽지는 않습니다. 모든 학생이 책을 동시에 효율적으로 읽기 위해서 짝 대화 읽기를 권해 드립니다.

**짝 대화 읽기는 한 문장씩 짝과 번갈아 가면서 소리 내어 읽는 것입니다.** 그러나 아무리 짝 대화 읽기를 하더라도 한 번에 너무 긴 내용을 읽는다면 지루할 수밖에 없습니다. 그래서 긴 지문이라면 어느 정도 나누어 읽는 것이 좋습니다. 문맥상 변화가 있는 지점을 교사가 미리 구분해 두고, 다음 지문에서 학생들이 짝을 바꾸어 계속 읽게 하는 지문 나누어 읽기가 지루함을 덜 수 있습니다.

**독해력은 어떻게 증진시킬 수 있을까?**

단순히 읽기만 해서는 학습의 효율성을 높일 수 없습니다. 읽은 후 학생들이 그 내용을 어느 정도 이해하지 못했다면 수업에서 얻고자 하는 효과를 가져올 수 없습니다. 수업은 제한된 시간에 최대의 효율과 효과를 얻을 수 있어야 합니다. 그래서 질문이 필요한 것입니다. 질문은 학생 스스로 사고하게 하는 가장 좋은 도구입니다.

- **주어진 단락을 짝 대화로 책 읽기**
- **짝과 함께 질문 만들기**
- **짝을 바꾸어 다음 단락, 짝 대화로 읽기**
- **다시 질문 만들기**

이럴 경우에 앞단락에서 만든 질문에 대한 답이 뒷단락의 내용에서 해결되는 경우가 많습니다. 인물의 변화나 내용상의 전개에 관한 이야기는 학생들이 스스로 찾아내기 쉬워집니다. 질문을 만드는 과정에서 자연스럽게 독해력이 신장될 뿐만 아니라 학습의 몰입도가 높아집니다.

### 질문 교환 까만놀이

위의 3가지 고민을 한 방에 해결하는 것이 '질문 교환 까만놀이'입니다. 학생들에게 질문을 한꺼번에 작성하라고 하면 학생들은 쓰는 것을 싫어하기 때문에 수업을 따분하고 힘들게 여깁니다. 뒤에 나오는 학생의 국어 질문 공책에 작성된 질문들은 한꺼번에 작성한 것이 아닙니다. 실제로 질문 10개는 학생들이 책을 읽고 대화하면서 순차적으로 작성해 나간 것입니다. 조금씩 이루어지다 보니 쓰는 것을 힘들어하지 않고 흥미롭게 수업에 참여할 수 있습니다.

어떤 순서로 까만놀이가 진행되었는지는 학생들의 공책과 수업 흐름도를 비교하면서 살펴보겠습니다. 뒤쪽에 제시된 교과서의 내용을 읽으면서 따라해 보시면 됩니다.


◎ '까만놀이'를 하며 '서로 다른 선택' 읽기

－ 교과서 1) P.16~18 / 2) P.19~20 두 부분으로 나누기

－ ① P.16~18을 짝과 함께 번갈아 가면서 소리 내어 읽기

－ 짝과 대화하며 질문 만들기 : 3~5개

－ (짝 이동) ② P.19~20 짝과 함께 번갈아 가면서 소리 내어 읽기

－ 짝과 대화하며 질문 만들기 : 3~5개

지문을 1)과 2) 두 부분으로 나눕니다. 1)을 짝과 소리 내어 읽고 질문 만들기를 합니다. 그 후 짝을 바꾸어 2)를 소리 내어 읽고 질문을 만듭니다. 이 부분은 기본적인 질문을 만드는 과정으로 내용 이해에 도움을 줍니다.


◎ 다양한 질문을 통해 상황 이해하기_짝 이동 활동

－ 짝과 질문 공유 및 대화하기 : 남자 혹은 나그네와 관련된 질문 1가지만 선택하기, 핵심 질문과 관련된 질문 선택하기

(공책을 보면 ☆표 모양이 있습니다. 학생들은 자신이 만든 질문 6개 중 교사의 이끎 질문에 따라 질문을 선택합니다.)

－ 짝 이동 후 짝끼리 질문 상호 교환 후 공책에 적기 ③

－ 나의 질문과 변화된 짝 질문에 대화하기(짝과 그 질문으로 대화하기)

－ 4명 정도 짝을 이동하여 반복하기


**넓이에 깊이를 더하는 까만놀이**

①, ②가 지문을 읽고 짝과 대화하면서 질문을 만들 때 내용의 궁금증을 해결해 가는 넓이를 추구하는 질문 만들기라면, ③은 자신의 질문을 계속 반복하면서 친구 4명과 대화하는 효과를 가져옵니다. 자신의 질문에 대한 깊이를 더하는 과정이지요. 동시에 4명의 친구로부터 새로운 질문을 받아들여서 내용을 폭넓게 이해하는 데 도움을 주는 과정입니다.

이 과정은 도덕의 가치 수업에서도 활용할 수 있습니다. 학생마다 도덕적 가치를 받아들이는 상황을 다르게 인식한다는 것을 질문을 교환하고 증가함으로써 알게 됩니다.

| Q | |
|---|---|

| | |
|---|---|
| 1 | 밤인데 왜 굳이 아랫마을에 가려고 했을까? |
| 2 | 나그네는 산에 많이 와봤을까? |
| 3 | 왜 산은 굽을 뻗고 있을까? |

①

| 4 | 나그네는 자신이 위험할줄도 알면서 노인을 구했을까? |
| 5 | 노인은 왜 거기에 쓰러져 있었을까? |
| 6 | 쓰러진 남자는 어떻게 되었을까? |

②

짝질문

| 이지훈 | 왜 쓰러진 노인을 돕지 않으려고 했을까? |
| 김민주 | 왜 나그네는 그 노인을 도와주었을까? |
| 최영정 | 서로를 의지하지 않았으면 어떻게 되었을까? |
| 신은비 | 이남자는 어떤 마음을 먹고 노인을 도와주었을까? |

③

• 국어 질문 공책 1 •

| Q | |
|---|---|
| 1 | 눈보라가 심하게 치는데도 산길을 걸었을까? |
| 2 | 산등성이란 무엇일까? |
| 3 | 남자는 왜 나그네의 얼굴을 초조하게 봤을까? |
| 4 | 초록색의 나그네는 웃을수도 안 추웠을까? |
| 5 | 옷을 입은 나그네는 어떻게 쓰러지게 되었을까? |
| 6 | 혼자 간 남자는 왜 쓰러진 것일까? |

〈짝질문〉

| 김면호 | (주황) 나그네는 왜 도와주지 않고 내려갔을까? |
| 강태호 | 산아래 마을에 왜 갈까? |
| 이현민 | 서로를 의지하지 않았다면 어떻게 되었을까? |
| 이수현 | 먼저 내려간 남자는 왜 쓰러져있을까? |

• 국어 질문 공책 2 •

62

1) 한 나그네가 눈보라 치는 가파른 산길을 걷고 있었다. 그는 해가 지기 전에 산 너머 아랫마을에 도착하려고 하였다. 깊은 산속에서 시간을 지체하다가 체온이 떨어져 목숨이 위험할 수도 있기 때문이었다. 하지만 좁고 험한 산길에 세찬 바람까지 몰아쳐, 산길에 익숙한 나그네도 쉽게 속도를 낼 수 없었다. 나그네는 옷깃을 여미며 발을 내디뎠다.

산 정상에 이르렀을 때, 나그네는 앞서가는 한 남자를 보았다. 늦은 시간에 험한 산속에서 사람을 만나게 되는 것은 무척 드문 일이었다. 나그네는 기뻐하며 남자에게 다가갔다.

"어디로 가십니까?"

......(중략)

2) 산 중턱에 이르렀을 즈음, 나그네는 눈 위에 솟아오른 무언가를 보았다. 놀랍게도 그것은 사람의 발이었다. 나그네와 남자가 깜짝 놀라며 쓰러진 사람에게 다가가려는 순간, 그의 발이 움직였다. 그는 살아 있었다. 나그네는 쓰러진 사람에게 달려가 몸을 흔들었다.

"정신 차리세요! 이대로 있다가는 죽어요."

눈 속에 쓰러진 사람은 백발이 성성한 노인이었다. 노인은 얕은 숨을 내뱉을 뿐 정신을 차리지 못하였다. 나그네는 고개를 돌려 남자에게 말하였다.

"이분을 모시고 내려갑시다. 우리가 모른 체한다면 이분은 분명 죽고 말 것이오."

그러자 남자는 고개를 저으며 대답하였다.

"안 돼요. 우리도 죽을지 살지 모르는 판에 누구를 도와준단 말이오? 자칫하면 우리까지 얼어 죽을 수 있어요!"

"이 사람을 죽게 버려두고 가겠다는 말입니까?"

눈은 발목까지 쌓여 있었다. 나그네는 노인을 잡은 손에 힘을 주며 앞으로 나아갔다.

......(중략)

• 까만 활동 예시 자료 〈서로 다른 선택〉 6학년 교과서 참고 •

## 〈까바놀이 국어 수업디자인 예시〉

| 교과<br>단원 | 국어 1. 인물의 삶을 찾아서 | | | 학년 | 6학년 | 교사<br>명 | ○○○ |
|---|---|---|---|---|---|---|---|

| 성취<br>기준 | 국1657-1 문학 작품을 읽고 작품에 드러난 삶의 태도가 나의 삶에 어떤<br>영향을 미치는지 이해할 수 있다. | | | | | 질문 수업<br>형태 |
|---|---|---|---|---|---|---|
| 배움<br>주제 | 이야기를 읽고 인물이 추구하는 삶의 태도 파악하기 | | | | | 까만놀이<br>질문 수업 |

| 평가<br>문항 | 핵심<br>질문 | | | 평가수준 | | 평가<br>시기 | 평가<br>방법 |
|---|---|---|---|---|---|---|---|
| 이야기를 읽고 인물이 추구하는 삶의 태도를 파악할 수 있다. | 남자와 나그네는 어떤 삶을 추구하는 걸까? | ◎ | 매우<br>잘함 | 인물의 상황과 행동에서 추구하는 삶을 이해하고 자신의 삶의 추구 방식을 말할 수 있다. | 4차 | 교사 평가<br>(공책) |
| | | | 잘함 | 남자와 나그네의 말과 행동에서 삶의 방식을 찾을 수 있다. | 3차 | 학생<br>상호 평가<br>교사 평가 |
| | | ○ | 보통 | 나그네와 남자의 상황을 말할 수 있다. | 2차 | 학생<br>상호 평가<br>관찰 |
| | | △ | 노력<br>요함 | 글의 전반적인 내용의 흐름을 말할 수 있다. | 1차 | 학생<br>상호 평가<br>관찰 |

| 수업자<br>의도 | 질문 만들기를 통해 텍스트의 내용적인 면뿐 아니라 인물이 추구하는 삶의 가치까지도 찾아갈 수 있도록 구성하였다. 나그네가 한 말과 행동이 그 사람의 삶의 가치를 추구하는 방식이라는 것을 질문과 대화를 통해서 학생들이 스스로 인식할 수 있도록 돕고자 하였다. 텍스트의 이해와 동시에 자신의 말과 행동을 스스로 돌아볼 수 있게 구성하였다.<br>또한 질문 교환 까만놀이를 통해서 짝 이동 활동이 계속될수록 질문에 대해 깊이 탐구할 수 있도록 구성하였다. 단순히 텍스트에 대한 넓이 있는 이해뿐 아니라 자신만의 철학을 담은 이해가 될 수 있도록 돕고자 한다. |
|---|---|

| | 배움 활동 | 자료 및 유의점 |
|---|---|---|
| 생각<br>열기 | ◎ '까바놀이'로 일상의 생활 돌아보기<br> – 점심시간에 있었던 일 '까바놀이'하기<br>◎ '까만놀이'를 하며 '서로 다른 선택' 읽기<br> – 교과서 16~18쪽, 19~20쪽 두 부분으로 나누어 읽기<br> – 짝 대화로 소리 내어 읽기<br> – 짝과 대화하며 질문 만들기<br>◎ 핵심 질문 제시하기<br> 남자와 나그네는 어떤 삶을 추구하는 걸까? | 13′<br>* 까바놀이에 대한 학생들의 사전 이해가 필요<br>* 짝 대화 소리 내어 읽기 방법 사전 공유 |

| | | |
|---|---|---|
| 생각<br>나누기 | **질문 교환 까만놀이로 내용 이해하기** (✔1차) | 10′ |
| | ◎ 다양한 질문을 통해 상황 이해하기_짝 이동 활동 | \* 학생 개인 공책 |
| | • 짝과 질문 공유 및 대화하기_까만놀이 | \* 그림에 손가락으로 |
| | – 남자 혹은 나그네와 관련된 질문 1가지 선택하기 | 제시하면서 이야기 |
| | – 짝 이동 후 짝 질문 적어 질문 확보하기 | 하기 |
| | – 나의 질문과 변화된 짝 질문에 대화하기 | |
| | **인물이 처한 상황 이해하기** (✔2차) | \* 질문 교환 까만놀이 |
| | 이꿈질문1 남자의 행동에 나그네가 처한 상황은? | 시에는 짝 대화를 통 |
| | – 나그네와 남자가 처한 상황 이야기 나누기 | 해서 질문에 대한 답 |
| | | 을 스스로 찾아가도 |
| | | 록 한다. |
| | **인물이 추구하는 삶 파악하기** (✔3차) | 12′ |
| | • 교과서 내용에서 인물의 추구하는 삶이 드러난 말과 행동<br>찾아보기 | \* 나도나만놀이를 통 |
| | – 인물이 추구하는 삶을 알 수 있는 말과 행동을 찾아 밑<br>줄 긋기_짝 대화 (짝 상호작용 피드백) | 해서 학생들이 찾은<br>내용을 교사가 확인 |
| | – 나도나만놀이를 통해서 학습 공유하기(교사 피드백) | 하고 피드백한다. |
| | 이꿈질문2 **말**_"우리가 죽지 살지 모르는 판에 누구를 도<br>와준단 말이오?" 말에서 느낀 남자의 삶의 방식<br>은? | \* 남자가 추구하는 삶<br>의 방식과 나그네가 |
| | 이꿈질문3 **행동**_ 옷을 벗어 노인의 옷을 감싼 뒤 노인을 등<br>에 업은 나그네의 행동에서 느낀 삶의 방식은? | 추구하는 삶의 방식<br>을 고정된 관점에서<br>이야기하지 않고 관 |
| | **자신의 삶으로 다가가기** | 점을 열어 놓고 대화 |
| | ◎ 이꿈질문4 나라면 이 상황에서 어떻게 했을까? | 하도록 유도한다. |
| | – 평소 나의 말과 행동을 살펴보고 추구하는 삶의 방식과<br>맞는지 대화하기 | |
| 배움<br>내면화 | ◎ 배움 글쓰기 (✔4차) | 5′ |
| | – 남자와 나그네의 행동에 드러난 삶의 방식과 나의 행동<br>을 돌아보고 배움 글쓰기 | 이꿈 질문에 대한 학<br>습대화를 배움 글쓰기 |
| | ◎ 차시 예고 | 로 작성하게 한다. |

## Q5
# 질문의 깊이를
# 더할 수 있는 질문 놀이는?

### (1) 까주놀이란?

까바, 까만에 이어 '까주'가 등장하였습니다. 그럼 까주놀이는 어떤 놀이일까요? 선생님들께서도 한번 추측해 보시기 바랍니다.

'까 주, ~을 까 주세요.'

'까 주세요. 까기 위해서 계속 질문하는 것'

'까주, 질문을 주세요.'

학생들에게 물어보니 위와 같은 의견들이 나왔습니다. 여기에서 전달하고자 하는 까주놀이는 '까 주고받기'입니다. 풀이하여 설명하면 '질문을 주고 질문을 받는 것'입니다. 인터뷰하듯이 질문을 하고 상대로부터 답을 구하는 형태입니다.

까바, 까만과 마찬가지로 까주놀이 역시 질문을 만드는 것입니다. 지금까지는 친구와 함께 질문을 만들었다면 이제는 독립적으로 질문을 만드는 단계입니다. 질문을 만드는 형태에서 이제는 질문에 대한 의견을 주고받는 관계로 나아가는 것입니다.

▶ 질문의 주제를 정합니다 : 까바놀이나 까만놀이에서 제시했던 모든 것들을 활용할 수 있습니다.

▶ 주제에 맞게 질문을 각자 3~5개 만듭니다.

▶ 짝 중 한 사람이 먼저 인터뷰하는 방식으로 질문을 제시합니다. 상대방에게 자신의 질문을 던져 의견을 듣습니다. 주제가 스마트폰 이라면 A학생이 만든 질문에 B학생이 답을 하는 형태입니다.

① A학생 : 스마트폰의 가격은 얼마일까?

　B학생 : 기종에 따라 조금씩 다르지 않을까? 만든 회사마다 다를 것
　　　　같아.

② A학생 : 스마트폰을 쓰게 되면 어떤 기분일까?

　B학생 : 완전 좋지. 친구랑 카톡도 하고 뉴스도 보고 게임도 하고.

③ A학생 :스마트폰으로 무엇을 할 수 있을까?

　B학생 :숙제하거나 길을 찾을 때 좋지 않을까?


▶ A학생의 질문이 끝나면 B학생이 질문으로 인터뷰를 하는 것입니다. 그러나 까주놀이만으로는 깊이 있는 대화를 하기가 어렵습니다. 뒤쪽에서 제시되는 꼬질꼬질놀이와 함께 하면 좋습니다.

## (2) 까주놀이의 깊이를 더하는 꼬질꼬질놀이는?

까주놀이와 꼬질꼬질놀이는 함께 어우러져야 대화의 깊이를 더하게 됩니다. 꼬질꼬질놀이는 어떤 의미로 들리시나요?

'질문이 꼬질꼬질하다'

'꼬질꼬질한 사람처럼 질문하는 것'

꼬질꼬질놀이는 **'꼬리에 꼬리를 무는 질문 놀이'**라는 의미입니다. 꼬리에 꼬리를 문다. 즉 질문에 대한 상대방의 의견을 듣고 그 의견 속에 드러난 내용을 잡아서 다시 질문을 던진다는 뜻입니다. 따라서 꼬질꼬질놀이를 위해서는 상대방의 말을 잘 듣고 그 한 부분의 꼬리를 잡아서 다시 질문해야 합니다. **꼬질꼬질놀이는 까주놀이를 좀 더 깊이 있게 하는 놀이라고 생각하면 됩니다. 까주놀이를 좀 더 보완하고 확장한 형태입니다.** 까주놀이가 미리 제시된 질문에 답을 하는 형태라면 꼬질꼬질놀이는 답을 듣고 그 속에서 되물어서 깊이를 더하는 놀이입니다.

이 놀이는 생각보다 쉽지 않습니다. 상대방의 말을 잘 파악해야 하기 때문입니다. 그러나 깊이 있는 대화를 위해서는 꼭 필요한 놀이입니다.

학생들에게 상대방의 말을 잘 듣고, 그중에서 중요하게 생각한 단어를 하나 찾도록 합니다. 그 단어로 질문을 만들게 하면 학생들은 더욱 쉽게 참여합니다.

▶ **까주놀이처럼 주제에 맞는 질문을 각자 3개씩 만듭니다.**

**▶ 짝에게 질문을 던집니다. 짝의 답을 듣고 그 속에서 다시 질문거리를 찾아 이야기합니다.**

A : ① 스마트폰 하루 사용 시간은 얼마가 적정할까? (최초 질문)

B : 30분이 적정하다고 생각해.

A : ①-1. 30분이 적정하다면 어떤 기능을 활용할 때를 말하는가?

B : 나는 게임 시간을 30분이라고 생각했는데 문자를 주고받거나 전화 통화는 생각하지 않은 것 같아.

A : ①-2. 게임 이외의 스마트폰 기능은 어떤 것을 주로 활용하는가?

B : 주로 친구들과 문자를 주고받는 것 같아.


**▶ 상대방의 의견을 구해 보는 '네 생각은 어때'를 넣어서 의견을 주고 받습니다.**

A : ① 스마트폰 때문에 부모님께 혼난 적이 있는가? (최초 질문)

B : 주로 스마트폰을 오랫동안 들여다보고 있어서 혼나게 돼.

A : ①-1. 무엇을 하기에 스마트폰을 오랫동안 들여다보게 되나?

B : 폰 게임을 주로 하지.

A : ①- 2. 게임 시간을 줄일 수 있는 좋은 방법은 무엇일까?

B : 스스로 시간을 정해 놓고 지키는 것이 가장 좋은 방법인데 좀 어려운 것 같아. 네 생각에는 어떤 좋은 방법이 있을 것 같아?

A: 스스로 시간을 정해 놓고 하는 것도 좋고 스스로 하기 힘들다면 부모님께 시간을 설정해서 지킬수 있도록 도와달라고 하는 것도 좋을 것 같아.

이렇게 처음 질문에만 까주처럼 정해 두고 그 이후에 만들어지는 것은 상대의 의견을 듣고 그것의 꼬리를 잡아서 깊이 있게 물어보는 형태입니다. 처음에는 A학생이 B학생의 이야기를 듣고 꼬리를 잡아 되질문을 하게 되지만 그에 대한 상대방의 의견을 듣기 위해 **'네 생각은 어때'라는 용어를 사용하여 인터뷰 방식에서 벗어나 의견을 주고받는 관계로 나아갑니다.**


### (3) 까주놀이와 꼬질꼬질놀이의 장점은?


**질문을 통해 현재 관심사를 짐작할 수 있습니다.**

질문을 만들다 보면 자신도 몰랐던 자신을 발견하게 됩니다. 순간적으로 질문 형태의 글로 표현했을 때 자신의 숨은 마음을 발견하게 되는 것입니다. 어쩌면 그래서 질문이 더 두려운지도 모릅니다. 자신의 현재 값들이 질문을 통해 드러나게 되기 때문입니다. 까주놀이는 학생들이 자신의 질문을 스스럼 없이 할 수 있도록 도와주는 단계의 놀이입니다.

'스마트폰'이라는 주제가 주어졌다면 제한 시간 내에 질문을 만듭니다.

A학생의 경우
① 스마트폰의 가격은 얼마일까?

② 스마트폰을 쓰게 되면 어떤 기분일까?

③ 스마트폰으로 무엇을 할 수 있을까?

B학생의 경우

① 앱은 어떤 것을 깔면 좋을까?

② 추천해 주고 싶은 앱은?

③ 게임 앱 중 가장 재미있는 것은?

C학생의 경우

① 하루의 사용 시간은 얼마가 적정할까?

② 스마트폰 때문에 부모님께 혼난 적이 있는가?

③ 데이터 양이 어느 정도인가?

A, B, C학생의 질문들을 살펴보면 학생들의 관심사나 상황을 짐작할 수 있습니다. A학생의 경우는 스마트폰을 가지고 있지 않은 학생일 가능성이 큽니다. 스마트폰을 사용해 본 적이 없어서 궁금하기 때문에 무의식 중에 나오게 된 질문일 것입니다. B학생의 경우는 앱 사용 그리고 특히 게임의 앱에 관심이 많은 경우입니다. C학생은 사용 시간과 데이터 양 때문에 약간의 문제를 겪고 있는 상황으로 짐작해 볼 수 있습니다.

질문을 분석하다 보면 질문을 만든 이의 상황을 추측해 볼 수 있습니다. **질문은 그 사람의 문화적 지능, 현재 상태를 대변**하는 경우가 많기 때문입니다.

**상대의 의견을 듣고 자신의 질문 형태를 생각해 보게 됩니다.**

상대에게 질문을 하다 보면 자신이 의도했던 답을 듣기도 하고 전혀 다른 이야기로 전개되기도 한다는 것을 깨닫게 됩니다. 그것을 통해 원하는 답을 듣기 위해서는 어떻게 질문해야 하는지를 배우게 됩니다.

"스마트폰이 있습니까?"

이러한 질문을 하면 '예' 또는 '아니오'라는 상대방의 답을 듣게 됩니다. 단순히 있다 없다의 문제를 확인하는 질문이라면 충분히 효과가 있습니다. 그러나 인터뷰 수가 제한적일 때 이러한 질문은 아쉬울 수밖에 없습니다. 까주놀이를 통해서 자연스럽게 상황에 맞는 질문의 형태를 익힐 수 있게 됩니다.

**상대방의 인터뷰 방식을 배울 수 있습니다.**

까주놀이는 '까' 주고받기 놀이입니다. 질문을 주고받는 상황에서 상대방과 자신의 질문을 비교해 보게 됩니다. 또한 인터뷰를 하는 상대의 태도를 보고 배웁니다. 질문을 듣고 답을 하는 과정에서 자신의 의견을 잘 표현하는 상대를 만나기도 하고 표현이 서툰 학생들을 만나기도 합니다. 짝을 통해서 인터뷰의 형태나 태도를 배울 수 있다는 장점이 있습니다.

**상대방의 의견을 분석하면서 들을 수 있습니다.**

질문한 다음 상대방의 의견을 듣고 다시 질문하려면 상대가 하는 이야기를 자세히 들어야 합니다. 그냥 듣기만 하는 것이 아니라 분석하면서 들어야 거기에 알맞은 질문을 할 수 있게 됩니다.

**질문으로 대화의 깊이를 더할 수 있습니다.**

상대방의 이야기를 잘 듣고 다시 질문을 할 때 각자의 생각을 표출하면서 다양한 관점으로 접근하게 됩니다. 또한 상대방의 말을 듣고 그것의 꼬리를 잡아 따라가다 보면 하나의 내용을 깊이 있게 다룰 수 있게 됩니다.

★
# 교실 구조,
## 사람의 얼굴을 보는
# 책상 배치

수업 장면 속의 학생과 교사는 모두 사람입니다. 사람을 위한 교실이어야 하고 사람을 위한 수업이어야 합니다. 교실에서 지향하는 목표는 결국 지덕체가 조화를 이루는 사람이 되는 것입니다. 사람과 소통하는 관계의 구조를 만들 수 없다면 지덕체의 의미는 사라집니다. 사람을 보는 구조를 만들어야 합니다. 서로가 서로의 얼굴을 보면서 수업을 할 수 있을 때 우리는 행복을 느낄 수 있습니다. 사람의 눈을 바라보고 서로의 생각을 나누는 일, 이 일이 배움 속에서 가장 먼저 일어나야 합니다.

## Q6

# 왜 'ㄷ'자(마제형) 배치를 해야 할까요?

### (1) 다양한 짝 만남을 위해

짝과 함께 앉는 구조는 우리 교실에서 흔히 볼 수 있는 구조입니다. 그런데 이 구조를 어떻게 바꾸라는 것일까요? 모둠 수업도 아니고 짝과 함께하는 데 필요한 책상 배치가 따로 있을까요?

### 두 명의 짝으로 이루어진다?

두 명이 짝을 이루는 구조, 단순하게 생각하면 강의를 듣기 위한 일자형 자리 배치를 고수하는 경우가 많습니다. 일자형 강의 듣기 배치와 ㄷ자형 배치 모두 두 명의 짝으로 이루어지는 구조는 똑같습니다. 다시 질문을 바꾸어 보겠습니다.

### 질문 수업에서 질문과 대화는 누구랑 하나요?

네 맞습니다. 짝입니다. 하브루타식 질문 수업에서는 기본적으로 짝과 이야기하고 짝 이동으로 새로운 짝을 만나게 됩니다. 그러므로 **짝은 단 한 명이 아닌 결국 우리 반 친구 모두입니다.**

물론 교사의 개입이 있지만 이는 수업을 이끌기 위한 목적적 활동입니다. 대화로 다른 관점을 만나게 하고, 생각의 지평을 넓힐 수 있게 도와주는 이는 바로 짝, 친구입니다. 따라서 짝과 대화하고 친구의 얼굴들을 많이 볼 수 있는 구조를 만드는 것이 중요합니다. 새로운 짝을 만나고 소통하기 위해서는 전체의 배치를 변형하는 게 좋습니다.

다양한 짝과의 만남을 통해 생각이 자극을 받고 변화하며 새로운 생각을 생성하는 과정을 거칩니다. 이러한 짝의 변화를 쉽게 하기 위해서 교실 전체를 ㄷ자(마제형)로 배치하는 것입니다. 마제형 배치는 전체 학생이 토론에 참여하기 좋은 구조입니다. 수업 도중에 짝 토론을 하다가 바로 전체 토론으로 이어질 때 유용합니다. 또한 학생들이 소통하고 상호작용하기 위해서는 서로의 얼굴을 바라보고 있어야 합

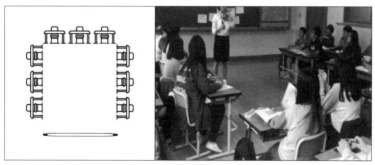

• ㄷ자형 배치 (마제형) •

니다. 친구의 뒤통수를 보고는 대화하기가 어렵습니다.

책상 배치와 관련하여 아주 단순한 일화를 하나 소개해 보고자 합니다.

> 엄마 : 태민아, 작년에 현지랑 같은 반이었는데 이번에도 같은 반이 되었네. 2년이나 같은 반이네.
>
> 태민 : 네? 현지가 누구인데요? 저랑 작년에 같은 반이었어요?

1년이나 같은 반을 했는데도 친구의 이름이나 얼굴을 기억하지 못하는 것입니다. 태민이는 1학년 때 현지랑 짝을 해 본 적도 없고 같은 모둠도 되지 않았습니다. 같은 반인 것은 분명합니다. 태민이는 특별히 외향적이지도, 내향적이지도 않은 평범한 아이입니다. 모둠 친구들과 사이좋게 지내고, 반 친구들과 두루두루 어울려 놀 줄 아는 아이입니다. 그런데 2학년이 다 지나도록 같은 반 친구 이름도 제대로 알지 못하고 있었습니다. 재미있는 사실은 태민이 엄마가 현지 엄마와 자주 대화를 나누는 편이었다는 것입니다.

어떻게 같은 반 친구를 기억하지 못할까요?

의아하게 생각될지 모르지만, 실제로 학생들은 1년이 지나도록 같은 반 친구도 잘 모르는 경우가 허다합니다. 그렇다고 해서 선생님께서 학생들을 제대로 교육하지 않은 것도 아닙니다. 선생님께서는 학생들을 잘 가르치셨고 학생이나 학부모님들 사이에서도 좋은 선생님으로서 정평이 나 있는 분이셨습니다. 또한 태민이나 현지는 반에서 나름 똘똘한 아이들로 선생님의 사랑도 받고 친구들과의 관계도 좋았습니다. 그런데도 이런 현상이 일어난 것입니다. 물론 특이한 경우라고 생각할 수도 있습니다. 너무 확장적 해석일 수도 있지만, 저는 이런 현상이 교실의 자리 배치 때문에 생긴 것은 아닐까 생각합니다. 또한 강의식 수업에서 기인한 것이 아닐까 추측해 봅니다. 1학년 때 교실의 자리 배치는 모둠 형태, 2학년 때는 일자형 배치로 친구들 뒤통수만 볼 수 있는 구조였던 것이지요.

### (3) 같은 반 친구와 어떤 관계를 가질까?

대한민국 보통의 아이들은 친구들과 어떤 관계를 맺으면서 살고 있을까요? 솔직히 질문 수업을 만나기 전까지는 아이들이 반 친구들과 특별히 친하지는 않더라도 적어도 대화를 나누며 지내는 줄 알았습니다. 아이들끼리는 그럭저럭 관계를 잘 맺고 있을 거라는 막연한 생각이 있었습니다. 그런데 저 역시도 고등학교 시절을 떠올려 보니 너무 오랜 시간이 지난 탓도 있겠지만 이야기를 가장 많이 나눈 짝꿍과 앞뒤로 앉은 친구 2~3명만 기억에 남아 있습니다. 이런 것이 어쩌면 우리 반 친구라는 존재를 인식하기 어려운 수업 구조에서 교육을 받았기 때문일지도 모릅니다.

**질문 수업에서 가장 먼저 해야 할 것은 교실의 책상 배치 구조를 바꾸는 일입니다.** 뒤통수가 아닌 서로의 얼굴을 보고 공부하는 구조를 먼저 만들어 보시면 어떨까요? 주어진 교실 환경에서 친구의 얼굴을 가장 많이 볼 수 있고 소통이 쉽게 될 수 있는 구조로 ㄷ자형(마제형)을 권합니다.

학습 공유 시 얼굴을 마주 보고 대화를 하면 소리도 전달이 잘 됩니다. **질문 수업에 앞서 꼭 교실의 좌석 배치부터 변화를 시도해 보시면 좋겠습니다.**

**질문 수업을 왜 하시려고 하나요?**

선생님들께 다시 한 번 더 여쭤보고 싶습니다. 우리는 왜 질문 수업에 열광하게 되었을까요?

해 보니까 그냥 좋아서.

남들이 좋다고 하니까.

질문이 여기로 이끌어서.

새로운 방식이니까.

학생들이 잘 배우는 효율적 방법이기에.

학생들이 행복해지는 수업이기 때문에.

질문과 대화는 모든 것의 기본이 되기 때문에…….

여러 가지 이유가 있을 겁니다. 어떤 이유에서였건, 우리가 수업에서 가장 중요하게 여겨야 하는 것은 바로 '사람'입니다.

**수업 속에서 '배움'의 목표, 지향점은 어디일까요?**

수업의 목적을 어디에 두어야 하는가는 수업을 바라보는 관점에 따라 다를 수 있습니다. 그러나 수업 속에 존재하는 학생과 교사는 사람입니다. **사람을 위한 교실이어야 하고 사람을 위한 수업**이어야 함에는 모두 동의하실 겁니다. **사람을 키우는 교실**이라는 것이지요. 교실에서 지향하는 목표 속에는 결국 지, 덕, 체가 조화를 이루는 사람이 되기를 원하고 있습니다. 사람과 소통하는 관계의 구조를 만들 수 없다면 지덕체의 의미도 사라집니다.

사람을 보는 구조, 서로의 얼굴을 보면서 수업을 할 수 있을 때 우리는 행복을 느끼게 됩니다. 사람의 눈을 바라보고 서로의 생각을 나누는 일은 배움 속에서 가장 먼저 이루어져야 합니다. 그러기 위해서 서로를 바라볼 수 있는 구조로 책상을 배치해 보는 것은 어떨까요?

# Q7

# 왜 2명의 짝이어야 할까?
# 4인 모둠은 안 될까?

"왜 2명의 짝이어야 하는가?"

아마도 하브루타식 질문 수업을 시작하고 나서 많이 들은 질문 중의 하나가 아닐까 합니다.

"모둠 활동은 하브루타가 아닌가?"

"질문 수업에서 모둠 활동은 없나?"

"꼭 2명씩 짝을 지어야만 하나?"

이런 질문들은 대한민국 전 지역에서 들려옵니다. 왜 이렇게 비슷한 질문들을 반복적으로 하시는 걸까요? 아마도 교실 수업에서 모둠 활동이 정착되었기 때문일지도 모릅니다. 모둠 활동이라고 해서 다 좋은 것도 아니고, 짝 활동이라고 해서 무조건 좋은 것도 아닐 텐데 말입니다. 모둠 활동을 하는 이유는 그 자체로서 의미가 있고, 교육적 효과 또한 있기 때문에 시행하는 것입니다. 학습활동에 효율적이라고 판단되는 형태를 취하면 되는 것입니다.

2명의 학생이 나란히 짝을 지어 앉아 있다고 해서 짝 활동을 한다고 볼 수는 없습니다. 강의식 교실에는 짝이 옆에 앉아 있을 뿐입니다. 학생의 사고력 증진에 도움이 되지 않고 상호작용이 일어나지 않았다면 아무런 의미가 없는 것입니다. 모둠도 마찬가지입니다. 그저 주어진 학습에 따를 뿐이라면, 대화를 주고받는 활동을 했다고 하더라도 서로에게 상호작용이 일어나지 않았다면 모둠의 의미가 없을 것입니다.


## (1) 모둠 활동은 왜?

모둠 활동을 할 때에는 분명한 이유가 있기 마련입니다. 대부분의 선생님들은 교육적 효과가 좋다고 판단하셨기 때문일 겁니다. 그렇다면 다시 질문해 보겠습니다.

과학 실험은 꼭 4명이 함께 해야 합니까?

2명이 하면 안 되나요?

혼자 실험하는 것이 더 효과적이지는 않을까요?

분명히 상황에 따라 달라질 겁니다. 여기서 고민해 봐야 하는 일은 고착화되어 있는 모둠 4인 체제의 형태입니다. 어떤 분은 4인 모둠으로 대화하는 것이 더욱 다양한 생각을 받아들일 수 있기 때문이라고도 합니다. 그러나 2인이 대화하고 다시 2명이 짝 이동 활동을 한 후에 대화를 한다면 어떨까요? 훨씬 더 많이 대화할 수 있는 기회를 부여받고 자신의 생각을 정리할 기회를 가지게 되지 않을까요?

4명이 모여 학습한다고 해서 더 많은 것을 배운다고 할 수는 없습니다. 다 그렇지는 않겠지만, 때로는 '무임승차 현상'이 나타나기도 합니다. 학습에 관심 없는 학생들에게는 오히려 학습기회가 더 줄어들 수도 있습니다. 물론 2명이라고 해도 완벽하게 참여할 수 없을지 모릅니다. 그렇지만 확률적으로 4명일 때보다 2명일 때 훨씬 더 많은 학습대화를 시도할 수 있게 됩니다.


## (2) 2인 1조의 짝, 1:1 학습대화 방식으로?

2인 1조의 짝을 이루는 1:1의 학습대화는 4인의 학습대화와 상호작용의 친밀도에서 차이가 납니다. 1:1의 학습대화를 선호하는 것은 질문과 대화를 놀이처럼 하기 위해서입니다.


### 말문을 열기 쉽다

1:1의 학습대화는 학습이라는 인식보다 놀이처럼 학습을 재미있게 도와주는 중요한 요소입니다. 학급의 학생들이 동시에 1:1로 대화를 시작하기 때문에 부담 없이 말문을 열게 됩니다. 이러한 1:1 학습대화는 스스로 생각하고 문제를 해결하려고 시도하는 과정을 반복적으로 도와줍니다. 짝 이동 활동을 통해 이루어지는 학습대화의 반복 과정은 자기 생각을 수정하고 확립해 나갈 기회를 부여받는 것입니다.

### 설득당할 준비, 타협점이 생긴다

1:1 학습대화가 중요한 이유는 서로의 의견을 주고받기 때문입니다. **상대방의 주장과 자신의 주장 사이에서 타협하는 것을 배우게 됩니다.** 서로 양보하는 방법도 터득합니다. 더 깊이 들어가 보면, 자신의 주장이 틀렸거나 잘못된 근거를 제시했을 경우 언제든지 생각을 바꿀 준비를 하게 만들어 줍니다. 자기 생각만을 타인에게 관철시키는 것이 아니라 타인에게 설득당할 준비가 되는 것이지요. 그래야 타협점이 생깁니다.

### 존중의 감정

**학습대화를 통해 '나도 존중받고 있구나'라는 감정을 가지게 됩니다.** 교사와 다수의 학생이 주고받는 학습의 과정에서는 학생들 자신이 존중받는다는 느낌을 받기가 어려운 현실입니다. 그런데 친구와 대화를 하다 보면 단 한 사람이지만 나의 이야기에 귀 기울이고 있는 상대방을 만나게 됩니다. 자신의 이야기에 고개를 끄덕이고 감탄의 말을 듣기도 합니다. 심지어 자신의 말에 대한 반대 의견도 의미 있게 들립니다. 상대방이 귀 기울여 주는 태도에서 사람에 대한 신뢰를 쌓을 수 있습니다.

### 감정 조절 능력 향상

학습대화를 하면서 **친구와 다투거나 자신의 마음에 들지 않는 경우라도 감정을 조절할 수 있게 됩니다.** 첫 번째 짝을 만나 대화할 때는 자신감이 부족한 상태에서 자신의 의견을 전달하기도 합니다. 그러다가 두 번째, 세 번째 친구를 만나면서 점점 자신감이 붙게 됩니다. 약간의 흥분 상태에 이르는 목소리가 될지도 모릅니다. 이렇게 아주 살짝 흥분한 상태에서 학습대화를 하는 것은 긍정적인 현상입니다. 학생들에게 이러한 경험들이 생겨야 스스로 감정을 조절하는 능력도 키우게 됩니다. 친구와 수다를 떨듯 대화하다 보면 내 의견에 대한 상대의 반대 의견이 비난이 아니라는 것도 자연스럽게 배우게 됩니다. 성숙한 대화가 처음부터 일어날 수는 없습니다. 이러한 반복적인 경험을 통해서 점차 성장해 나가는 것입니다.

### 마주하고 대화하는 즐거움

전문가들은 흔히 스마트폰 때문에 아이들의 생각하는 힘이 떨어지고, 타인과 얼굴을 마주하고 대화하는 힘도 떨어진다고 말합니다. 어떤 사람들은 스마트폰의 시각적인 자극에 몰두해 있는 학생들을 보고 집중력이 좋다고 착각하는 경우도 있습니다. 그러나 이것은 두뇌의 단순한 반사작용일 뿐, 스마트폰의 시각적인 자극에 몰두하다 보면, 결국 생각하는 힘이 떨어질 뿐만 아니라 사람들과 대화할 수 있는 지능과 감정이 퇴화되고 맙니다. 가상이 아닌 현실에서 주의력 결핍이 일어나는 것이지요.

학습대화는 스마트폰 세상에 중독된 학생에게 **사람의 얼굴을 마주하고 대화하는 즐거움을 알게 도와줍니다.** 수업 시간 학생들에게 대화를 통해서 현실의 진짜 즐거움을 찾아 주어야 합니다.

# 학부모, 학생에게
# 신뢰를 쌓아라

침묵하면서 미소 지으며 바라봅니다. 굳이 말하지 않아도 그 학생은 스스로가 무엇을 해야 할지 고민하고 수업에 동참하게 됩니다. 잠시 기다려 주기만 하면 됩니다. 그러면 아무 일 없었다는 듯이 다른 학생들에게로 시선을 돌립니다. 칭찬이나 격려를 하기보다 원래 하던 일인 것처럼 무심하게 돌아가는 것입니다. 굳이 칭찬이나 격려를 하지 않는 것이 좋습니다. 수업 중 잘못된 행동을 중지한 것이기 때문입니다. 따라서 여기에 칭찬이나 격려를 더할 필요는 없습니다. 그보다는 이 학생이 다음 시간에 적극적으로 수업에 참여할 경우에 격려나 칭찬을 하는 것이 더 바람직합니다.

## Q8

# 행복한 질문 수업이 되기 위한 교사와 학생의 약속은?

### (1) 교사가 해야 할 일은?

질문 수업을 시작하면 처음에는 신나하던 학생과 교사는 두어 달 지나면 시들해지기도 합니다. 교사는 다시 일방적으로 가르치는 강의식 수업으로 되돌아가려고 하고, 학생들도 생각하는 것을 귀찮아하면서 수동적인 자세를 취하려고 합니다. 왜 이렇게 되는 걸까요? 아주 사소하면서도 중요한 상황이 질문 수업으로 학생과 교사를 성장시키기도 하지만, 멈추게 만들기도 합니다. 왜 그렇게 되는 걸까요?

**첫 번째는 교사의 잔소리 때문입니다.**

교사 : 여러분, 지금부터 교과서를 읽고 질문을 만들도록 해요.

학생 : 또 질문이야? 아이 지겨워. 하기 싫은데…….

교사 : 뭐라고? 뭐가 지겹다는 거야. 이게 다 너희들을 위한 수업 방법이

잖아……(잔소리)……그러니 지금부터 열심히 해!

이 경우 무엇이 문제일까요?

학생의 반응에 대한 교사의 감정적 대응입니다. 잔소리로 학생들을 설득하려 했다는 것이 문제 발생의 원인입니다. 모든 학생이 싫다고 한 것이 아니라, 한두 명의 학생이 싫다고 한 상황입니다. 그런데 교사가 수업 시작부터 부정적인 태도를 보이면 전체 학생들의 사기가 떨어질 수밖에 없습니다. 학생들 모두가 스스로 공부하기를 바라지만 학생 중에는 분명히 싫어하거나 귀찮아하고, 교사가 싫어하는 문제 행동을 드러내는 경우도 있습니다. 학생들의 반응을 있는 그대로 받아들이고 긍정적으로 변화하기 위해서 노력해야 합니다.

**두 번째는 학생의 학습대화를 무시하는 행위 때문입니다.**

A학생 : 난 모르겠다. 너는?

B학생 : 나도 모르겠어. 아는 게 없네.

교사 : 학습대화는 하지 않고 왜 장난만 치나요?

학생들 : 그냥 모른다고 했을 뿐인데요?

교사 : 그렇게 대화하면 안 돼요. 진지하게 대화를 해야지요.

학생들 : 몰라서 모른다고 했는데 우리가 놀았다고 혼내시네. 기분 나빠.

학생들이 질문을 듣고 학습대화를 어찌 해야 할지 모를 때 생길 수 있는 일입니다. 학생들이 잘 모르는 상황을 있는 그대로 받아들이지 않고 장난치는 것으로 받아들이면 학생들은 다시 학습대화를 하지 않으려고 합니다. 모른다는 것을 솔직하게 꺼내 놓은 학생들에게 다시 질문을 해 주거나 다른 질문으로 대화를 유도해야 합니다.

앞의 두 상황은 질문 수업에 대한 책임의 성패가 전적으로 학생에게 달려 있다고 생각하는 경우입니다. 이것은 일부 학생들이 질문 수업을 싫어할 수도 있다는 사실을 교사가 놓쳤기 때문입니다. 질문이라는 것은 사고력을 요하는 작업이기 때문에 학생들이 어려워할 수도 있다는 것을 교사가 먼저 인정해야 합니다.

### 부정적 행동의 중지 : 침묵하며 미소 짓기

첫 번째 문제 상황에서는 잔소리 대신 그냥 조용히 그 학생을 바라보고 침묵하기만 해도 효과가 있습니다.

"질문 만들기는 정말 좋은 공부법이야. 친구랑 다시 한번 열심히 해 보지 않겠니?"

"싫어요, 재미없어요."

"그래도 이번에는 한 번만 다시 해 주면 좋겠구나."

대화를 보면 교사가 학생을 이해하고 학생 이야기에 귀 기울여 준다고 볼 수 있지만, 다른 학생들의 눈에는 마치 교사가 학생에게 애원하는 걸로 보일 수도 있습니다.

교사의 과한 친절은 수업 상황을 더 흐리게 만드는 시작점이 될 수도 있습니다. 특정 학생에 대한 교사의 태도는 전체적인 수업 흐름에서 다른 학생들에게 주는 영향도 고려해야 합니다. 한 학생의 부정적인 생각은 교실의 모든 학생에게 영향을 주는데, 이때 교사의 대처는 수업 전체에 영향을 줄 수밖에 없습니다.

저는 이런 학생을 만나면 침묵하면서 미소 지으며 바라봅니다. 굳이 말하지 않아도 그 학생은 스스로가 무엇을 해야 할지 고민하고 수업에 동참하게 됩니다. 잠시만 기다려 주면 됩니다. 그리고 나서는 아무 일 없었다는 듯이 다른 학생들에게로 시선을 돌립니다. **칭찬이나 격려를 하기보다 원래 하던 일인 것처럼 무심하게 돌아가는 것입니다.** 수업 중 잘못된 행동을 중지한 것이기 때문에 이때 굳이 칭찬이나 격려를 더할 필요는 없습니다.

물론 이 학생이 다음 수업에 적극적으로 참여할 경우에는 칭찬이나 격려를 표하는 것이 더 바람직합니다. 잘한 행동에 더 강화를 주는 방식을 선택해야 합니다. 이것은 비단 질문 수업에서만이 아닙니다. 교실의 모든 일에서 학생들을 지도할 때에도 일관된 교사의 태도가 필요합니다.

### 교사의 목소리, 단호함과 부드러움

수업 시간 시작점에서 학생들이 꼭 지켜야 한다고 생각하는 부분 하나를 정합니다. 교사가 꼭 해야 한다고 생각한 것 하나만큼은 단호함을 가지고 수업 전체의 흐름을 장악해야 합니다. 이 단 하나를 챙기면 더 큰 것을 얻을 수 있기 때문이지요. 말하자면, '사소함의 법칙'으로, 이것이 10번의 잔소리보다 훨씬 더 효율적입니다. 하지만 이 단호한 한 가지 이외에는 부드럽고 친절한 목소리로 일관되게 말해야 합니다.

학습대화가 활발해지기 시작하면 결코 학생들에게 화낼 일도 없어지고 교사가 쓸데없는 잔소리를 할 시간이 없다는 것을 교사 자신도 느끼게 됩니다. 학생이 수업에 자발적으로 참여하며 열심히 활동하기 때문에 교사도 긍정적 감정으로 학생들과 우호적 관계를 지속할 수 있습니다.

교사가 수업의 흐름을 잘 이어가기 위한 시작점을 잘 챙기는 일은 사소하지만, 단호해야 합니다. 학생들은 교사의 목소리로 상황을 잘 구분합니다. 어떤 것을 지켜야 하는지 목소리만으로도 알 수 있습니다. 학생들이 수업 시간에 꼭 해야 하는 일에 대한 교사의 단호한 목소리, 학생들은 일상 학급생활에서도 그것을 알게 됩니다.

### 고마움을 전하세요

질문 수업을 시작하면 학생들도 처음 해 보는 것이라 어려울 수 있습니다. 따라서 선생님이 생각하는 멋진 수업의 모습이 아니더라도 시도하고 노력한 학생들에게 칭찬을 해 주어야 합니다.

"질문과 대화가 어려울 수 있습니다. 그러나 이것은 여러분들의 사고력과 창의력을 높이는 데 중요한 일입니다. 또한 자신의 삶을 행복하게 살아가기 위한 도구가 됩니다. 이 멋진 일을 하는 데 처음으로 멋지게 도전해 주셔서 고맙습니다."

잘하지 못한 것에 치중하여 말할 게 아니라, 도전하고 시도한 자체만 가지고도 칭찬할 수 있어야 합니다. 그러면 학생들은 더 좋은 모습을 보이려 하고 적극적으로 참여하려고 노력합니다. 또한 교사 스스로도 자긍심을 가지게 됩니다. 격려하는 교사로 자리매김할 수 있지요.

**수업 변화의 핵심은 반복**

처음부터 잘하는 사람은 없습니다. 한번 해 봤다고 해서 모두가 잘할 수는 없습니다. 수업 변화의 핵심은 '반복'입니다. 교사도 학생도 어떤 것에 익숙해지기 위해서는 반복이 필요합니다. 수업은 딱 하나의 방법만으로 잘할 수는 없지만, 분명한 것은 질문과 대화는 모든 학습의 기본이 된다는 것입니다. 질문과 대화라는 가장 단순한 도구를 활용해 기본적인 학습 하나를 정하여 먼저 실천해 보는 것입니다. 그것을 반복적으로 연습하면서 자신에게 맞게 변형하는 것이 중요합니다.

## (2) 수신호, 카운팅을 미리 약속하기

학습대화가 시작되면 20명이 넘는 학생이 짝을 지어 동시에 이야기를 하므로 매우 시끌시끌해집니다. 학생들의 짝을 바꾸고 또 교사의 질문이나 지시어를 들을 때는 조용히 할 필요가 있습니다. 그렇다고 대화하고 있는 아이들에게 조용히 하라고 외치는 것은 무의미합니다. 교사는 손가락을 들어 카운팅을 합니다. 그러면 그것에 맞추어 학생들이 박수를 치고 대화를 멈추거나 자신의 자리를 이동하면서 새로운 활동을 시작합니다.

"하나 둘 셋" 이라고 교사가 말하면 학생들 박수 1번

"둘 둘 셋"이라는 교사의 말에는 학생들 박수 2번

"셋 둘 셋"이라는 교사의 말에는 학생들 박수 3번

학생들의 대화가 오가는 시끄러운 상황에서는 교사의 카운팅이 잘 들리지 않을 것입니다. 그러나 "하나 둘 셋" 소리에 몇몇 학생은 박수를 칠 것이고 "둘 둘 셋"이라는 소리에 학생들은 거의 다 박수를 2번 치게 됩니다. 카운팅 맨 앞 숫자에 맞추어 박수를 치는 것입니다.

박수와 함께 조용해지는 순간이 오면, 이때 교사가 전달해야 할 내용을 바로 이야기합니다. **교실이 조용해진 상태에서 교사가 이끎 질문이나 그 다음 활동을 명확하게 전달해야 합니다. 떠들고 있는 학생들에게 교사가 질문을 제시하는 것은 의미가 없습니다.**

또한 학생들이 짝을 바꾸어 자리를 이동해야 할 때에도 카운팅이 매우 효과적입니다. 학생들은 카운팅을 현재 짝과의 대화를 중단하고 다음 짝과 대화를 연결하라는 의미로 받아들입니다. 이러한 교사와 학생들 간의 신호가 미리 약속되어 움직일 때 수업이 한층 더 원활하게 진행됩니다. 꼭 카운팅이 아니어도, 학생들과 상호작용할 수 있는 신호를 만들어 사용하면 됩니다.

# Q9
# 학부모님을 위한
# 안내는?

　본인의 수업에 관한 안내문을 학부모님들께 보낸 적이 있으십니까? 새 학년이 시작되면 자신의 교육철학, 학급경영의 소신 등을 담은 안내문을 보내시는 선생님들이 많습니다. 그런데 수업에 관한 철학을 담은 안내를 하시는 분들은 생각보다 좀 드문 것 같습니다.

　학교에서 나가는 수많은 안내문, 이른바 가정통신문이 있습니다. 어떤 종류가 있는지 아시나요? 아마도 방과 후 안내장이 가장 많이 자주 발송되는 듯합니다. 학교에 따라 매월 또는 분기별로 안내됩니다. 특히 요즘 들어서는 안전생활과 관련된 안내문이 참 많은 것 같습니다. 등하교길 안전하게 다니기부터 학교폭력예방교육 관련, 성폭력예방교육 관련, 자살예방 관련, 여름철엔 물놀이 안전, 겨울철엔 화재예방안전 관련, 안전띠 착용 의무화까지도 안내문이 나갑니다. 그리고 학교마다 그 학교의 특색활동을 담은 행사 관련 소식지가 매

월 발행됩니다.

안전하고 건강한 생활이야말로 가장 중요한 일입니다. 그러나 학교생활을 다시 한번 살펴보았으면 합니다. 학교생활은 수업활동, 체험활동, 학교특색활동, 동아리활동, 봉사활동 그리고 학예회, 체육대회, 입학식, 졸업식, 수학여행 등 다양한 활동들로 이루어져 있습니다. 학생들이 학교에 와서 하는 일은 너무나 많습니다. 하지만 학교에서 이루어지는 많은 활동 중에 가장 많은 시간을 보내는 활동이 무엇입니까?

**바로 수업입니다.**

그런데도 수업에 관한 가정통신문은 잘 보이지 않습니다. 물론 한동안 주간학습 안내라는 형식적인 가정통신문이 나가곤 했습니다. 그것은 수업의 철학이나 방향, 수업 방법에 관한 것이 아니라 진도와 준비물을 알려 주기 위한 도구였습니다.

가장 중요한 것이면서도 늘 하고 있는 수업이라서 그런 걸까요? 수업보다는 외부적 활동들에 초점이 맞춰진 상태로 안내가 되고 정작 가장 중요한 수업은 빠져 있습니다. 참 이상한 것은 학부모님들도 수업보다는 다른 여타의 활동에 관한 것을 더 잘 기억하십니다.

새 학년이 시작되면 부모님들도 새로운 선생님에 대한 궁금증이 많아집니다. 이 시기에는 학부모, 학생들과 신뢰를 형성하기 위한 수업에 대한 안내도 필요합니다. 이것은 교사가 스스로 의지를 다지는 데에도 도움을 줍니다. 꼭 새 학기가 아니더라도 학기 중간에 담임교사의 수업의도가 무엇인지 알려 주는 것은 상호소통의 장을 열어 주고, 신뢰를 형성하기 때문에 나중에 학생상담을 할 때에도 도움이 됩니다.

**그럼, 학부모님들은 이 수업을 어떻게 생각하실까요?**

특별한 학생을 제외하고 학교에서 진행하는 수업 형태를 부모님께 자세하게 안내하는 경우는 드뭅니다. 학생 스스로가 잘 알지 못하기 때문에 제대로 전달할 수가 없습니다. 흔히, '선생님이 좋다.' '선생님이 친절하시다.' '수업 시간이 재미있다.' '수업이 이상하다.' '좀 새롭긴 한데 불편하다.' '교과서 공부는 안 한다' 등 자신의 느낌을 단순하게 전달합니다. 이런 주관적인 느낌의 말이라도 긍정적 표현이면 좋은데 그렇지 못한 경우에는 참 난감해집니다.

"엄마, 우리 반은 질문 수업하는데, 엄청 재미있어."

"응? 뭘 한다고?"

질문 수업이 학생들에게만 생소한 것이 아닙니다. 지금까지 이러한 교육을 받지 못했던 학부모님의 입장에서도 생소하기는 마찬가지입니다. 용어가 생소하니 그게 과연 무엇일까 하는 의구심도 들 것입니다. 학생이 긍정적 반응을 보이는 수업이라고 해서 학부모님도 긍정적으로 반응하리라고 기대하기는 어렵습니다.

더구나 학부모님들 중에서는 서열 중심의 교육, 성적 및 평가와 관련한 것에 치중하시는 분들도 있습니다. 부모님과 교사의 질문과 대화 방식이 다르다면 학생들이 혼란을 겪을 수도 있으므로 주기적으로 안내장이나 학생 변화의 모습을 전달하는 것이 좋습니다.

**학부모님께 보내는 안내문은 교사 스스로의 수업 의지를 다지기 위한**

**좋은 방법입니다.** 본인의 수업을 한번 정리해서 작성해 보시면 좋겠습니다. 학생들의 학습평가까지 안내할 수 있다면 더없이 좋겠지만 처음에는 수업의 패러다임 변화에 대해, 또 본인의 수업에 대하여 간략하게 작성하시는 것도 좋습니다. 또한 주기적으로 학부모님께 수업을 통한 학생의 성장과 변화를 안내하면 좋겠습니다.

요즘은 학부모님과 SNS로 소통하는 일도 많은데, 이 경우에는 긴 글보다는 간단한 안내를 자주 하는 것이 훨씬 더 효율적입니다. 요즘 학부모님들께서 바쁘셔서 안내문을 잘 읽지 않는 경향이 있습니다. 처음 안내를 할 경우를 제외하고는 A4용지 반쪽 정도의 분량을 넘지 않는 게 좋습니다.

### 예시 1 질문 수업 처음 안내

안녕하십니까, 학부모님.

소중한 자녀와 1년간 함께하게 된 담임 000입니다. 귀댁의 자녀가 건강하고 안전하게 생활할 수 있도록 학교에서 최선을 다하겠습니다. 학교에서는 다양한 활동들이 전개되고 있습니다. 학교특색활동인 한책 읽기, 아침 걷기 등을 포함하여 뒷산 오르기, 학예회, 체육대회 등 다양한 행사들도 있습니다. 이러한 특별활동도 중요하지만 무엇보다도 중요한 것은 일상적인 수업입니다. 수업을 통해 학생이 행복하고 발전적으로 성장할 수 있도록 돕고자 합니다.

세계 여러 나라는 이미 미래사회를 주도적으로 살아가는 데 필요한 핵심역량을 제시하고 그에 맞춰 각 나라의 교육체계도 변화하고 있습니다. 그중 OECD는 미래를 살아가기 위해 3대 핵심역량(도구의 지적 활용, 사회적 상호작용, 자율적 행동)을 반드시 갖추어야 한다고 강조합니다. 이제는 단순히 기존 지식을 암기하는 형태의 공부만 잘하면 안 된다는 것입니다. 수업 속에서 이러한 역량을 기를 수 없다면 아무리 좋은 프로젝트라고 하더라도 의미가 없습니다. 이러한 역량이 단위 차시의 40~50분 안에서 이루어질 수 있다면 우리의 수업은 가히 성공적이라고 할 수 있을 것입니다.

수업 시간에 토의와 토론, 질문과 대화의 학습, 에세이 쓰기 등을 통해서 이러한 역량을 길러 주고자 합니다. 단순하게 표현하자면 강의식 수업은 교사가 가르치고 학생들은 그것을 익히는 방식이라고 할 수 있습니다. 그러나 **질문 수업은 학생 스스로 고민하고 질문을 던지는 방식으로 친구와 상호작용을 통해서 먼저 아는 것과 모르는 것을 구분합니다. 그 후 교사와의 상호작용을 통해서 다시금 수정과 피드백이 이루어지는 방식입니다.**

질문은 학생 스스로 의문을 품고 사고력을 키우고 학습에 몰입할 수 있도록 도와줍니다. 또한 학습대화는 다양한 문화적 지능의 습득, 설명하기 기법을 통한 학습력 증진에 아주 중요한 요소이면서, 무엇보다 학생 상호 간의 긍정적 관계 형성에 많은 도움을 줍니다. 사람과 사람은 대화를 통해서 상대를 이해할 수 있습니다. 그 다음은 학습정리, 즉 학습에세이 쓰기입니다. 에세이 쓰기는 학습정리의 일환으로 이루어지는 활동입니다. 질문과 학습대화가 사고력과 다양성을 찾아보는 과정이라면, 쓰기는 학습이 내면화되는 과정입니다. 또한 에세이 쓰기를 통해 학습정리뿐 아니라 글쓰기 능력까지 키울 수 있습니다.

저는 담임교사로서 학생들의 행복한 성장을 위해 더 연구하고 노력할 것입니다. 학부모님의 많은 격려와 지지가 한걸음 더 나아갈 수 있는 힘이 됩니다. 많은 응원 부탁드립니다.

댁내 건강하시고 행복하시길 기원합니다. 감사합니다.

0월 0일  담임 000 드림.

**예시 2** **학생의 학습태도 변화**

안녕하셨습니까? 학부모님.

따뜻한 봄기운 속에 초록의 계절이 다가오고 있습니다. 학생들과 함께 수업한 지도 어느덧 두어 달이 흘렀습니다. 그동안 많은 관심과 격려 보내 주셔서 감사합니다.

처음 질문 수업을 시작하고 질문을 만드는 것에 살짝 두려움을 가졌던 우리 반 학생들에게, 이제 질문은 생활화되어 가고 있습니다. 교과서를 읽고 내용에 대해 묻는 질문뿐 아니라, 자신의 삶에서 궁금한 점들을 연결하여 질문하고 있습니다. 독해와 관련된 질문, 과학상식에 관한 질문, 사회현상과 관련된 질문을 던지기도 합니다. 뿐만 아니라, "인간은 태어날 때부터 공정한가?"와 같은 아주 철학적이고 근원적인 질문까지 다양하게 표출하고 있습니다. 그저 주어지는 지식이 아니라 스스로 지식을 탐구하고 지혜를 찾아가고 있는 것입니다.

학습대화에서는 자신의 말만 하는 것이 아니라 친구의 이야기를 듣고 자신의 생각을 조리 있게 이야기하는 모습이 많이 보입니다. 처음에는 짝 이동 활동에 어색함을 느끼고 불편해하던 친구들도 이제는 익숙해져서 열심히 참여하는 모습입니다. 또한 쓰기도 많이 늘었습니다. 처음에는 한두 줄 작성하던 것을 이제는 제법 5~6줄까지 늘어서 스스로 학습을 정리하는 모습이 보입니다. 이번 학기가 지나면 더 많이 발전한 모습을 볼 수 있지 않을까 기대가 됩니다.

새로운 학습에 도전하고 열심히 참여하고 있는 우리 학생들에게 많은 격려와 칭찬을 부탁드리겠습니다. 댁내 평안하시길 바랍니다.

감사합니다.

0월 0일  담임 000 드림.


### 예시 3 에세이 쓰기를 통한 성장 변화

안녕하셨습니까? 학부모님.

어느새 한 학기가 훌쩍 지나가고 있습니다. 그동안 우리 학생들과 질문과 대화의 학습을 진행하면서 학생들이 많이 성장하였습니다. 교사인 저 역시 많이 성장하였습니다. 수업의 적극적 참여 태도도 좋지만 학생들이 작성하고 있는 에세이를 보면 학생들이 어떤 생각으로 성장하고 있는지 알 수 있습니다.

수업 시간에 배운 학습을 정리하고 생각을 논리적으로 정리하는 등 글로써 자신의 생각을 품고 표현하는 힘을 많이 길렀습니다. 학생들의 글을 읽고 있으면 학생들은 어떤 현상을 단순하게 보는 것이 아닌, 그 속에 깊이 담겨 있는 의미를 찾아내기 위해서 노력하고 있음을 알 수 있습니다. 또한 나름의 방식으로 자신만의 지혜를 만들어가고 있습니다.

학생들의 공책이나 포트폴리오 작성물을 자세히 관심 가지고 읽어 봐 주시기 바랍니다. 단순히 잘 썼다 못 썼다가 아니라 학생의 글을 있는 그대로 받아 주시기를 희망합니다. 아이들은 하나의 문장 속에서도 성장하고 있습니다. 타인과의 비교가 아니라 그 학생의 생각을 온전히 받아 주시고 조금씩 성장하고 있는 모습을 봐 주시기 바랍니다.

학생들도 자라고 교사인 저도 성장하기 위해서 노력하고 있습니다. 좋은 날들입니다. 학생들과 함께 행복하겠습니다. 감사합니다 .

0월 0일  담임 000 드림.

### 예시 4 학부모님도 함께해요

안녕하셨습니까? 학부모님.

수업 시간 질문과 대화를 통해 우리 학생들은 나날이 성장하고 있습니다. 그런데 이러한 질문과 대화는 부모와 자녀가 함께할 때 더 효과가 있습니다. 부모님과의 대화야말로 학생의 질적 향상을 도모할 수 있습니다. 실제로 가정에서 대화를 자주 하는 학생들의 학업성취도가 높다는 연구 결과가 있습니다.

그러나 학부모님들의 일방적인 대화는 그저 잔소리에 그치고 학생들은 부모님과의 대화를 기피하게 됩니다. 학생들에게 필요한 것은 공감적 경청입니다. 사실 공감적 경청은 어른들의 대화에서도 어렵습니다.

타인의 말을 판단하지 않고 들어주기만 한다는 것은 쉽지 않습니다. 우리는 흔히 너무도 쉽게 자신의 방식으로 판단하기 때문입니다.

책으로 자녀와의 대화를 시작해 보시는 것은 어떨까요?

책을 읽고 대화를 나누는 것도 중요하지만 같은 책을 읽는 것 자체만으로도 좋습니다. 교실에서 하는 가장 기본적인 활동인 '짝과 함께 소리 내어 읽고 질문 만들기'를 자녀들에게 배워 보십시오. 자녀들이 이끄는 방식에 따라 하루 5분 또는 10분이라도 함께 하시면 충분합니다. 매일 5분이 어렵다면 일주일에 한번 10분씩이라도 자녀와 함께 질문으로 책을 읽어 보시면 좋겠습니다.

자녀와 함께하는 시간, 책과 함께하는 행복한 시간을 서로에게 선물해 주시면 좋겠습니다. 감사합니다.

0월 0일  담임 000 드림.

# 질문 수업으로
# 놀이처럼 즐겁게 수업하다

– 이혜경 선생님

'열정 빼면 시체'였던 신규 교사인 저에겐 특별한 능력이 있었습니다. 쉬운 것도 어렵게, 어려운 것은 더 어렵게 만드는 능력이었지요. 그 덕분에 학생들에게 많은 고통을 안겨 주었습니다. 진정한 전문가는 어려운 것을 쉽게 설명하는 사람들이라고들 합니다. 저 역시 쉽게 설명하기 위해서 나름 열심히 준비하고 수업에 들어갔지만 나의 발문은 학생들에게 어려움으로 다가갔습니다. 그러던 중 수석선생님의 질문 수업을 참관하게 되었습니다.

'이건 뭐지? 질문이 너무 쉬운 거 아닌가? 그런데 학생들은 왜 이렇게 재미있어하고 몰입해 있는 것일까? 어라! 그 쉬운 질문이 이렇게 배움 속에서 변신하다니!'

학생들이 던진 의미 없어 보이는 질문으로 수업을 엮어 가는 모습에서 솔직히 큰 충격을 받았습니다. 나의 수업과 다른 점이 무엇일까? 학생들의 질문, 그리고 학생들끼리 주고받는 대화, 마치 놀이처럼 즐겁게 웃으면서 하고 있는 것, 이것이 바로 어려운 수업을 쉽게 만들어 주고 있다는 사실을 발견하게 되었습니다.

학생들의 질문과 대화의 과정이 있다면 어려운 주제라도 쉽게 다가갈 수 있습니다. 그것이 제가 맨 처음 목격한 질문 수업의 가장 큰 힘이었습니다. 아이들은 글을 읽고 그 글에 대한 질문을 만듭니다. 아이들이 직접 만든 질문은 교과서 속 심오하고도 잘 정돈된 질문이 아니기에 아이들이 '할 만하다'고 느낀 것이었습니다. 당장 다음 국어 시간에 적용해 보기로 마음을 먹었습니다.

〈학생들 질문〉
- 헬렌 켈러는 왜 이 글을 썼을까?
- 헨렌 켈러는 어쩌다가 시력을 잃었을까?
- 만약 헬렌 켈러가 시각과 청력을 가졌더라도 이 글을 쓰면서 눈과 귀를 소중히 여겼을까?
- 헬렌 켈러는 얼마나 힘들었을까?
- 왜 인간은 자신의 삶을 당연한 것으로 여길까?
- 앤 설리번은 무슨 마음으로 헬렌 켈러를 가르쳤을까?
- 앨 설리번은 어떻게 헬렌 켈러를 가르쳤을까?

학생들이 작성한 질문 중에 눈에 띄었던 질문을 슬쩍 던져 봅니다.

"어쩌다가 시력을 잃었을까?"

학생들은 '어라, 이거 할 만한데?'라는 생각이 들게끔 해주어야 의욕이 생기는 모양입니다. 장애인의 날이면 늘 시청하는 '대한민국 1교시'가 번뜩 떠오른 우리 반 아이들은 우리도 언제든 의지와는 상관없이 불의의 사고를 당할 수 있다는 사실을 떠올리곤 대화를 이어갔습니다.

"그럼 우리 방탄(소년단) 오빠들 못 보는 거야?"

그때부터 아이들은 여러 경우를 상상하며 떠듭니다. 그 모습은 마치 카페에 앉아 수다 떠는 모습을 연상시켰습니다. 수업 시간인지 쉬는 시간인지 모를 경계 속에서 제가 다시 질문을 던졌습니다.

"여러분도 만약 헬렌 켈러 같은 상황일 때, 딱 사흘만 볼 수 있다면 무엇을 보고 싶나요?"

아이들이 수다 떠는 과정 속에서 논쟁의 상황도 벌어졌습니다.

"사흘만 보이는데 지금 방탄소년단이 중요하냐? 가족을 봐야지!"

"가족만 보면 되냐? 난 친구도 볼 거다."

"이참에 효도나 하자."

"나는 못해 본 거 할래, 예를 들면 하루 종일 게임하기!"

〈보이고 들리는 것의 소중함을 어떻게 이해시킬 것인가〉가 의도한 학습목표였다면 질문에 대해 이야기하는 것만으로 충분했습니다. 교사가 그 어떤 화려한 설명이나 자료를 제시하지 않고도 아이들의 질문으로, 말로 떠들다 보니 자연스레 학습목표를 향해 가고 있었습니다.

"자, 오늘 실컷 떠든 걸 글로 적어 볼까요? 내가 생각한 것, 이야기한 것, 친구한테 들은 것 뭐든 다 좋으니 써 봅시다. 사흘만 볼 수 있다면 무엇을 보거나 하고 싶은지 적어 봅시다."

처음부터 교사인 제가 학생들에게 이렇게 심오한 질문을 바로 제시했다면 어떻게 되었을까요? 감동적인 글을 읽고 난 아이들의 반응은 무미건조했을 겁니다.

"잘 모르겠는데요. 전 지금 잘 보이고 잘 들리는데요."

"헬렌 켈러가 생각하는 것처럼 볼래요."

"안 들리고 안 보이면 그냥 살기 싫을 것 같아요."

어쩌면 저는 또 괜히 아이들에게 버럭 화를 냈을지 모릅니다. 그리고 이렇게 학생들을 탓했을 겁니다. '너희 정말 감성이 메말랐구나!'

다음은 4학년 아이가 수업 시간에 작성한 글입니다.

---

### 사흘만 볼 수 있다면 보고 싶은 것

첫째 날 아침, 눈을 뜨고 우유를 마신 후 아침을 가족에게 차려준 후 가족들을 한 번씩 다 안아 주고 친구들과 산책한다. 산책한 후에 놀이공원에서 신나게 놀고 영화관에서 영화를 본 후 집에 들어가서 엄마의 어깨를 주물러 드린다.

둘째 날, 내 방을 깨끗하게 치우고 지겨울 만큼 그림을 그리고 글을 쓸 것이다. 그리고 내가 평생 원했던 태블릿과 먹을거리들을 산다. 집 청소, 설거지, 빨래 등 내가 하루 종일 해본 후 엄마께 감사하다고 한 후 우리 마을을 돌아본다. 우리 학교, 시내, 음식점, 마트, 놀이터 등등. 셋째 날에는 TV를 보고 가족과 함께 얘기하고 놀며 하루 종일 집에 있는다. 내 용돈으로 가족들 옷 하나씩 사주며 가족들의 얼굴을 찬찬히 자세히 보면서 가족들의 얼굴을 그린다. 그 다음 가족들과 함께 잔다.

## 2부

**[ 질문 수업 중 ]**

# 질문 수업
# 원칙을 잡아라!

## 알아 두면 쓸모 있는 신기한 6가지 원칙

- **원칙 1** 수업은 재미있어야 한다
- **원칙 2** 아는지 모르는지 스스로 확인하게 하라
- **원칙 3** 스스로 선택하게 하라
- **원칙 4** 생각과 배움을 공유시켜라
- **원칙 5** 교육과정, 질문 수업, 평가를 일체화하라
- **원칙 6** 에세이 쓰기로 배움을 내면화하라

# 수업은
# 재미있어야 한다

스스로도 잘해요. 혼자서도 잘해요. 참 좋은 말이지만 사실 혼자 하면 심심하지요. 장난을 치면 아이들은 솔직히 재미있어합니다. 장난을 치려면 짝이 필요하지요. 아이들에게는 친구가 필요합니다. 공부도 놀이처럼 재미있게 하기 위해서는 꼭 짝이 필요한 것입니다. 뭐든지 혼자서 할 수 있다면 얼마나 좋을까요? 그러나 이 세상은 혼자 사는 곳이 아니기에, 혼자만 잘하는 것이 아닌 모두가 함께 잘하는 세상이 되고, 그 안에서 함께 살아가도록 해야 할 것입니다.

# Q10
## 수업이 재미있으려면?

수업이 재미있다는 것은 무슨 뜻일까요?

학생들은 놀 때 재미있다고 말합니다. 그렇다면 학생들의 일상 중 많은 부분을 차지하고 있는 수업 시간에 놀면 되지 않을까요? 수업 시간에 '얘들아, 놀자' 라고 교사가 한마디하면 대부분의 학생들은 환호하며 좋아할 겁니다. 반면, "학교 수업이 그렇게 놀기만 해서 되겠어?"라는 비난을 받을 수도 있습니다. 과연 수업이 놀이처럼 진행되면 안 되는 걸까요? 놀면서 공부하는 것은 불가능한 일일까요? 혹시 선생님들도 공부는 정적인 분위기 속에서만 이루어져야 한다고 여기시나요?

'재미'라는 단어를 들으면 공부보다는 좀 더 활동적이고 즐거운 '놀이' 같은 것을 떠올리기 쉽습니다. 그러나 이는 '놀이'의 진정한 의미를 잘못 이해한 것입니다. '재미'의 사전적 의미는 '아기자기하게 즐거운 느낌이나 기분'입니다. 소설의 재미, 취미 생활의 재미, 돈벌이의 재미, 화초 가꾸기의 재미, 공부의 재미 등 '재미'는 놀이에 국한되지 않고 좀 더 다양한 곳 속에 있습니다.

하지만 놀이에는 반드시 재미가 따라붙습니다. 진정한 의미의 '놀이'는 무엇일까요? 스튜어트 브라운 박사°에 의하면 놀이는 다음의 7가지 특징을 가지고 있다고 합니다.

- 목적이 없어 보인다, 놀이 그 자체가 목적이다.
- 자발적이다.
- 고유의 매력이 있다.
- 시간 개념에서 자유로워진다.
- 자의식이 줄어든다.
- 즉흥적으로 바꿀 수 있다.
- 지속하고 싶은 욕구를 불러일으킨다.

놀이를 하면 재미있고 지루함이 없어진다는 것이고, 시간 개념에서 자유로워지며, 자신이 똑똑한지 명청한지 신경 쓰지 않게 되어 미하이 칙센트미하이가 말한 '몰입'의 상태에 들어간다는 것입니다.

재미는 몰입 상태에서 느끼는 즐거움이라고 볼 수 있습니다. 따라서 당연히 수업도 놀이가 될 수 있지요. 이러한 놀이의 특징을 살려 수업의 요소로 넣기만 하면 학생들이 즐거워하면서 학습에 몰입할 수 있지 않을까요?

° 황상민, 스튜어트 브라운, 크리스토퍼 본, 《플레이, 즐거움의 발견》, 흐름출판, P54

이렇듯 학생들이 재미있어야 배움 속으로 들어가게 됩니다. 아무리 좋은 것을 주더라도 재미가 없다면 지속되기 어렵지 않을까요? 그렇다면 어떻게 수업에 재미를 주면서 배움은 더 깊어지게 할 수 있을까요?

질문 수업은 스튜어트 브라운 박사가 말하는 놀이의 특징을 구현하고 있습니다. 그래서 재미있는 것입니다. 어떤 요소들이 학습의 재미를 더해 주고 놀이처럼 착각하게 하는지 살펴보겠습니다.

### (1) 짝과 함께 하라

며칠을 굶주린 북극의 흰곰과 썰매를 끄는 개가 만나 서로를 껴안고 즐겁게 논다고 생각해 보세요.

굶주린 곰과 썰매를 끄는 개, 이 둘이 과연 놀이라는 것을 할 수 있나 하는 의구심을 가질 겁니다. 제

일 잘 노는 곰이 생존할 가능성도 가장 높다고 합니다. 다니엘 골먼에 의하면 동물들은 놀이를 통해 상대의 감정 상태를 알아차리고 적절하게 반응하는 능력을 배운다고 합니다. 이것을 '감성지능'이라고 합니다. 놀이를 통해서 배우는 상호작용은 사회적 집단에서 필수적

인 '주고받기'의 연습이라는 것입니다.° 고로 진정한 놀이의 재미를 위해서는 상호작용할 짝이 필요합니다. 굶주린 흰 곰조차도 놀이를 위해서 개를 잡아먹지 않는 것처럼 놀이할 때의 짝은 참으로 소중한 존재입니다.

**짝**

수업의 즐거움을 주기 위한 그 시작의 첫 번째 조건이 바로 '짝'이라는 존재입니다. 짝은 둘이 함께함으로써 재미를 이루게 해 줍니다. 배우고 익히는 과정에서 가장 중요한 선생님은 바로 짝, 친구입니다. 짝과 함께 익히고 배울 때 관계가 형성되고 그 관계 속에서 재미를 만나게 됩니다. 그것이 바로 배움의 재미를 만드는 하나의 단계인 것입니다.

"엄마, 나 영희랑 독서실 다녀올게."

"공부를 혼자 해야지, 왜 영희랑 같이 가? 둘이 가서 놀 거지?"

어린 시절, 친구와 함께 공부하러 간다는 사실이 못마땅했던 부모님의 잔소리를 들었던 경험이 있나요? 공부는 혼자 해야 한다는 고정관념 속에 살아온 우리는 '공부' 그리고 '친구와 함께'라는 말은 함께 쓰여서는 안 된다고 생각하는 것 같습니다. 어쩌면 우린 그럴 수밖에 없는 환경에서 자라왔는지도 모릅니다. 칸막이 독서실에서 혼자 공부해서 대학에 가고, 한 칸짜리 좁은 방에서 혼자 공부해서 고

---

° 황상민, 스튜어트 브라운, 크리스토퍼 본, 《플레이, 즐거움의 발견》, 흐름출판, P72

시에 붙는, 그런 공부에 익숙해졌기 때문입니다.

혼자 공부하는 게 익숙했기에 은연 중에 공부는 혼자 하는 것이라는 생각을 하게 되었는지도 모릅니다. 학생들도 마찬가지일 것입니다. 그러니 수업 시간에도 조용히 혼자 공부하는 것이 당연하다고 생각할지도 모릅니다. 혼자서 공부하는 것이 잘못되었다는 이야기가 아닙니다. 분명 혼자 공부하는 시간도 필요하지요. 학습한 것을 나의 것으로 만드는 내면화 과정에서 누구의 방해도 없는 혼자만의 시간은 절대적으로 필요합니다. 하지만 소통 없이 혼자만 학습하는 시간, 지루하고 재미없는 혼자만의 공부가 학습의 전 과정이 되어서는 안 됩니다. **짝과 함께하면 학습도 놀이가 될 수 있으며 행복한 성장을 기대할 수 있습니다.**

혼밥, 혼술.

이러한 용어가 등장한 것을 봐도, 요즘 세상은 뭔가를 혼자 하는 것이 대세가 되어 가고 있나 봅니다. 혼자 밥 먹기, 혼자 술 마시기. 혼자 밥을 먹거나 혼자 술을 마신다는 것이 나쁘다고는 할 수 없습니다. 어떤 면에서는 더 좋을 수도 있습니다. 요즘은 혼자서도 충분히 즐길 게 많은 세상입니다. 주변에 친구가 없다고 하더라도 온라인 세상에서 많은 친구들을 사귈 수 있습니다. 학생들이 가장 좋아하는 게임은 온라인 게임입니다. 예전과 달리 친구들을 만나서 놀이터에서 신나게 뛰거나 다양한 놀이를 하는 일이 드물어지고 있습니다. 그런데다가 요즘 온라인 게임 문화는 혼자 하는 것이 대부분입니다. 그런데 온라인 게임도 잘 들여다보면 누군가와 함께 하는 게임들이 많습니다. 친구를 초대하면 더 많은 아이템을 가지게 되고 전장의 싸움도 온라인에서 만나 함께 게임을 하고 있지요.

## Together Alone

가정만 하더라도 온 가족이 모여 앉아서 두런두런 대화하는 모습보다 각자의 스마트폰을 들여다보는 경우가 많습니다. 카톡에 답을 하고 동영상을 시청하며 뉴스를 보고, 스마트폰을 보는 이유가 다 있겠지만 온 가족이 함께 있어도 결국 함께하고 있지 않는 것이지요. 친구들이 모여도 마찬가지입니다. 대화 중간에도 각자의 스마트폰을 들여다보는 일이 계속됩니다. 세상과 하나가 되고 다른 사람들과 연결되기 위해서 사람과 사람의 실제 대화를 희생하고 있는 것인지도 모릅니다.

낙서화가 뱅크시의 〈휴대폰을 든 연인〉이라는 작품은 연인들이 서로 포옹하고 있을 때조차 서로의 휴대폰을 보는 그림으로 현실을 풍자하고 있습니다. 함께 있지만 결국 혼자인 것입니다.

• Banksy(2014) 〈Mobile Lovers〉 •

함께 모여 있어도 각자의 스마트폰으로 자신만의 세상에서 대화하기 때문입니다. 디지털 세상이 되면서 교육 환경은 극심한 변화를 겪고 있습니다. 어찌 보면 우리 아이들도 이제 혼자가 더 편한 세상이 되어 버렸는지도 모릅니다. 그렇기 때문에 **교실 수업은**

**더욱 더 짝과 함께, 친구들과 대화하면서 함께해야 하는 것입니다.** 세상은 결코 혼자서 살 수 없습니다. 스스로도 잘해요. 혼자서도 잘해요. 참 좋은 말이지만 사실 혼자 하면 심심하지요. 장난을 치면 아이들은 재미있어합니다. 장난을 치려면 짝이 필요하지요. 아이들에게는 친구가 필요합니다. 공부도 놀이처럼 재미있게 하기 위해서는 꼭 짝이 필요한 것입니다. 뭐든지 혼자서 할 수 있다면 얼마나 좋을까요? 그러나 이 세상은 혼자 사는 곳이 아니기에, 혼자만 잘하는 것이 아닌 모두가 함께 잘하는 세상이 되고, 그 안에서 함께 살아가도록 해야 할 것입니다.

### 말하고 듣는 몰입의 구조

그렇다면 수업 시간은 늘 둘이서, 또는 여럿이서 친구와 함께해야 하는 것일까요? 아닙니다. 혼자 하는 순간도 필요합니다. 혼자 하는 순간은 자신의 내면화를 위한 시간이지요. 그 나머지는 **세상 밖의 수많은 짝들을 만나서 대화하고 관계를 만들면서 공부하는 것입니다.**

혼자가 아니라면 여러 명이 함께하는 것도 재미 있지 않나요?

함께한다, 재미가 있다는 측면에서는 모둠이 나쁘지 않습니다. 그래서 4인과 6인이 필요한 순간들도 많습니다. 그러나 여기에서는 **기본적인 구조, 참여할 수 있는 기회가 많아지는 구조**를 이야기하는 것입니다. 말하고 듣는 몰입의 구조를 만들기 위해서는 2인의 구조가 좋습니다. 그 몰입의 구조가 재미를 만드는 요소입니다. 학습을 놀이로 만드는 것이지요.

앞 장에서는 교실의 학습 구조로, 모둠 구조에서 벗어난 두 명이 짝을 지어 공부하는 구조를 권하였습니다. 함께한다는 측면, 재미를 줄 수 있다는 측면에서는 모둠도 좋습니다. 그러나 말하고 듣는 몰입의 구조를 만들기 위해서는 역시나 역부족입니다. 단 둘이서 할 때 좀 더 큰 효과를 발휘하기 때문입니다. 그래서 **질문 만들기와 학습대화는 혼자 하는 것이 아니라, 짝과 함께하는 것입니다.**

### (2) 움직임을 주어라

어떤 과목을 좋아하나요?

아마 초등학생들에게 가장 인기 있는 교과는 단연코 체육일 겁니다. 대다수의 학생들은 체육을 좋아합니다. 체육을 좋아하는 이유는 도대체 무엇일까요? 아마 여러 가지 요소가 복합적으로 이루어진 이유일 겁니다. 그중에서도 학생들에게는 **체육 시간에 이루어지는 놀이적 형태가 주는 즐거움이 가장 클 것입니다.** 체육 시간에 이루어지는 어떤 활동이라 해도 몸을 움직인다는 것은 공통적입니다.

놀이가 가지는 또 하나의 특성으로 '움직임'을 들 수 있습니다. **움직임은 지루함을 덜어 주고 재미를 주는 효과가 있습니다.** 그렇다면 체육 수업이 아닌 일반 수업에서도 '움직임'의 요소만 있다면 분명 지루함을 줄일 수 있습니다. 또한 학습의 재미를 찾아가는 데에도 좋은 효과를 얻을 수 있습니다.

현재 이루어지는 수업 시간을 들여다보겠습니다. 일단 교사의 설명을 듣는 행위, 이 행위가 계속된다면 지루할 수밖에 없습니다. 이건 학생이 아닌 그 어떤 누구라도 지루하고 재미없는 상황이 될 겁니다. 한 시간 동안 가만히 앉아서 수업을 듣는 것은 생각보다 매우 힘듭니다. 교사는 서서 여기저기를 다니면서 발도 움직이고 말을 하니까 입도 움직이기 때문에 지루하지 않지만 듣기만 하는 학생의 입장에서 잠이 오는 건 어쩔 수 없는 사실입니다. 그래서 짝 이동 활동은 **수업 시간에 학생들이 움직일 수 있는 상황을 만들어 주는 것입니다.**

### 입, 얼굴 근육, 손을 움직여라

제일 먼저 입을 움직이게 도와주어야 합니다. 입을 움직이게 하려면 말을 많이 하도록 합니다. 바로 1:1 학습대화를 하게 해 주는 것입니다. 둘이서 대화하다 보면 한 사람은 일방적으로 말하고, 한 사람은 가만히 듣기만 하는 것과는 다른 상황이 이루어집니다. 일단 말하는 입장에서는 입을 움직이게 됩니다. 상대방의 말을 듣다 보면 자신도 모르게 고개를 끄덕이거나 또 반대의 의사 표현으로 고개를 좌우로 흔들기도 합니다. 친구의 말에 미소를 짓기도 하고 찡그리기도 합니다. 1:1 대화는 자신도 모르게 짝의 대화에 반응하며 얼굴과 손은 움직이게 만듭니다.

### 발을 움직여라

발을 움직인다는 것은 무슨 뜻일까요?

발이 움직이기 위해서는 몸을 일으켜 세워야 합니다. 발이 움직이는 것은 몸을 움직이는 행위에 속합니다. 그렇다면 수업 도중에 어떻게 몸을 움직이게 할 수 있을까요?

그것은 **짝 이동 활동**으로 가능합니다.

이 활동은 발을 움직이는 활동도 되지만, **뇌를 움직이기 위한 활동**이기도 합니다. 생각을 모으는 과정이기 때문입니다. 또한 공간의 움직임이 이루어지게 해 줍니다. 짝 이동 활동은 발의 움직임으로 재미를 줌과 동시에 짝의 변화로 다양한 사고와 배움의 깊이를 더해 줍니다. 이에 대해서는 〈원칙 4〉에서 자세하게 알아보겠습니다.

### 공간을 움직여라

"공간을 움직인다고? 어떻게?"

교실을 움직일 수 없는데 어떻게 수업의 공간을 움직인단 말일까요? 의아하게 생각되실 겁니다. **짝 이동 활동은 단순히 짝이 바뀌는 것만을 뜻하지 않습니다.** 공간의 움직임도 뜻합니다. 교실에서 좌석이 배정되면 그것이 곧 자신의 자리가 됩니다. 그러나 엄밀히 따져 보면 자신의 것이 아닙니다. 그럼에도 불구하고 우리의 심리가 만들어 낸 '개인 공간' 즉 사적인 공간으로 인식하게 됩니다. 평소에는 이 개인적인 공간으로 다른 누군가가 들어오면 기분 나쁨을 표출합니다. 그런데 수업 시간에 짝을 바꾸기 위해 이동한 자리는 자신의 자리가 아니더라도 잠시 앉아서 공부를 합니다. 나의 사적인 공간이 친구들에게 개방됨과 동시에 자신은 타인의 공간 속으로 들어갑니다. 처음에는 어색하지만 조금 지나면 익숙해집니다. 나의 공간이 존중받기를 원하는 만큼 타인의 공간도 존중하게 됩니다. 이러한 **공간의 움직임은 공간의 공유로 인식이 바뀝니다. 나만의 자리가 아니라 우리 모두의 자리인 것입니다. 이것은 서로가 협력하는 수업을 자리매김하는 데도 도움이 됩니다.**

칠판을 중심으로 오른쪽에 앉은 학생의 짝 이동이 이루어지다 보면 수업 중에 왼쪽으로 가기도 하고 앞에 앉은 친구가 뒤쪽 자리로 이동하기도 합니다. 칠판을 중심으로 학생의 시선이 계속 변화하기 때문에 주위를 새롭게 인식하게 되고 흥미를 지속하는 데도 도움이 됩니다.

또한 교실이라는 한정된 교실에서 벗어나고자 하는 욕구가 충족될

때 학생들은 자유로움을 느낍니다. 똑같은 수업 구조라고 하더라도 교실을 벗어나 활동하면 학생들은 새로운 방식으로 학습한다고 생각합니다. **복도, 운동장, 쉼터, 학교의 시설물** 어느 곳이라도 학습이 가능한 곳을 찾아 즐겁게 활동할 수 있도록 도움을 주어야 합니다.


### (3) 질문과 대화도 놀이처럼


**질문을 쉽게**

어떤 의미에서 '쉽다'고 할 수 있을까요? 학생들이 질문을 듣고 '이것쯤은 할 수 있겠네.' 라는 생각이 들도록 해 주어야 합니다. 질문이 너무 추상적이고 어려우면 학생들은 접근하기가 어렵고 시작 자체를 하려고 하지 않습니다.

**시작은 쉽게. 그래서 학생들의 질문을 활용해야 합니다.**

학생들의 입장에서 쓴 질문들에는 학생 자신의 경험과 삶이 묻어 있기에 학생들이 대화하면 찾아가기가 쉽습니다. 질문이 쉽다고 해서 배움의 깊이가 얕은 것은 아닙니다. 시작이 쉬워야 재미가 있다는 뜻입니다. 그래야 깊은 배움 속으로 들어갈 수 있습니다.

같은 질문이라도 어떤 이에게는 쉽고 어떤 이에게는 어렵습니다. 같은 주제가 주어지더라도 질문의 내용은 서로 다를 수밖에 없습니다. 그런데 교사들은 질문이 너무 단순하고 쉬우면 왠지 깊은 배움이 이루어지지 않을 것 같은 생각을 하기도 합니다. 단순한 질문으로는 학습이 제대로 이루어지지 않을 것만 같아서 불안하다고 말합니다. 그러나 질문은 그냥 '궁금한 것'입니다. 학생들의 질문을 있는 그대로 받아 주는 교사의 태도가 필요합니다. 학생들의 모든 질문을 존중해야 합니다.

앞서 '까만놀이'에서 살펴보았듯이 학생들이 질문을 만들 때도 자연스럽게 놀이로 여기도록 짝과 함께 질문을 만들 수 있게 해 주어야 합니다. 그래야 질문을 부담스럽지 않게 시작할 수 있습니다.

### 학습대화도 놀이처럼

학습대화를 놀이처럼 느끼게 해 주어야 합니다. 놀이가 자연스럽게 욕구를 풀어 주는 것처럼, 처음부터 한정된 틀을 두고 대화하게 해서는 안 됩니다. 놀이처럼 자신의 본능을 그대로 드러내어 이야기할 수 있는 자유로움을 주어야 합니다. 그래서 **1:1의 학습대화**가 더 중요합니다. 학급의 친구들 모두가 동시에 1:1로 대화하기 때문에 말문을 열기가 쉬워집니다. 1:1의 학습대화를 할 때, 정해진 단 한 명의 짝하고만 한다면 지루할 수도 있습니다. 그러나 다양한 친구들로 짝이 변화하기 때문에 즐거움은 배가 됩니다. 짝 이동 학습이 놀이처럼 되기 위해서는 학습대화의 시간을 잘 조절해 주어야 합니다. 짧은 시간 안에 이루어질 만한 학습대화의 내용인데 시간을 너무 길게 주면 학생들은 학습대화를 지루해하고 재미없게 여깁니다.

짝 이동을 통한 학습대화가 다섯 번 이루어진다고 할 때, 모든 학습대화의 시간을 똑같이 주는 게 아닙니다. 학습대화의 시간을 점차

증가시키는 것입니다. 학습내용에 따라 차이가 있을 수 있지만 예를 들면,

　첫 번째 학습대화 시간 : 1분

　두 번째 학습대화 시간 : 1분 30초

　세 번째 학습대화 시간 : 2분

　이런 식으로 시간을 늘리는 것입니다. 첫 번째 학습대화 시간이 너무 짧지 않은가요? 라고 반문하실 수도 있습니다. 첫 번째 학습대화를 할 때에는 학생들의 지평이 열리지 않은 상태입니다. 처음부터 많은 생각들을 쏟아내기가 어렵습니다. 생각이 많이 열리지 않은 상태에 학습대화 시간을 길게 준다면 지루해질 수 있습니다. 학생들이 학습대화 시간을 짧게 느끼도록 해야 합니다. 짝과 제대로 이야기도 못나누었는데 또 다시 새로운 짝을 만나야 하는 상태가 되면, 아쉬움에라도 다음 짝을 만났을 때 더 열심히 참여하게 됩니다. 짝 이동에서 학습대화 시간을 점차 늘리면서 조절하는 것이 놀이처럼 여기게 하는 중요한 요소입니다.

## (4) 자신의 스토리를 만들어라

　Q. 저울은 어느 쪽으로 기울어질까요? (게으름 VS 성실한 생활)

　A학생 : 왼쪽으로 기울어질 것 같아. 왜냐하면 게임만 하고 숙제도 하지 않아 마음이 무거울 것 같아서.

　B학생 : 운동하고 공부하는 모습인 오른쪽으로 기울어질 것 같다. 왜냐

하면 운동과 공부를 많이 하면 지식이 많이 쌓여서 무거워질 것 같기 때문이야.

과학의 저울의 수평과 도덕의 가치를 연결한 수업이었습니다. 저울 양끝에 빈둥거리고 놀며 게으름 피우는 아이와 공부하고 운동도 열심히 하는 아이가 그려져 있었습니다.

모든 일에 최선을 다하며 자기 관리가 철저한 A학생은 자신이 해야 할 몫을 하지 못했으므로 마음이 무거워서 왼쪽으로 기울 거라고 생각했습니다. B학생은 평소에도 긍정적이고 해맑은데, 성실한 아이는 지식이 많이 쌓여 얻은 게 많아졌으므로 그쪽으로 기울어질 것이라고 생각했습니다. 아이들의 평소 성향과 생각하는 것이 반영되어 아이들만의 이야기가 나오는 것이었습니다. 위의 그림을 컴퓨터에게 질문했다면 어떤 대답이 돌아왔을까요? 아마도 이렇지 않았을까요?

Q. 저울은 어느 쪽으로 기울어질까요? (게으름 VS 성실한 생활)
A : 무게의 값을 정확하게 입력해 주세요.

컴퓨터의 기본적인 목적은 연산과 저장입니다. 컴퓨터는 저장된 것을 그대로 복원하는 것입니다. 학생들처럼 자신의 주관적인 평가를 내놓을 수가 없습니다. 우리의 학습대화는 결코 단순한 지식이 아니라 이해와 감정을 동반한 기억입니다. 인간 사고의 목적을 '그 대상을 이해하는 것이며 그 이해한 바를 담는 것이 바로 기억이다'.°라고 말하고 있습니다. 학습대화를 통해 학생들은 자신의 기억 속에 있던 지식들을 꺼내고 그것에 대한 자신의 이해를 꺼내어 봅니다. 그것으로 다시 자신의 이야기를 만들고 기억을 편집합니다.

대화를 하다 보면 친구들의 생각을 어느새인가 자신의 이야기처럼 바꾸어 말하고 있는 모습을 볼 수 있습니다.

"내가 길동이한테 들었는데……."

친구에게서 들었던 이야기를 모방하고 그 이야기에 내 생각을 추가하기도 하고 변형하기도 하면서 자신만의 스토리를 만듭니다. 이런 과정에서 아이들의 부담은 줄어들고 재미있어집니다.

° 김경일, 《지혜의 심리학》, 진성북스, p100

"아니, 생각을 해 봐. 우리가 개항을 안 했어? 그럼 우리나라가 발전이 늦었겠지? 그럼 네가 그렇게 좋아하는 스마트폰을 지금 못 쓸 수도 있어. 그래도 개항에 반대할래?"

"우리 엄마가 반성은 말로만 하는 게 아니라 실천하는 거랬어!"

학생들의 대화에 귀를 기울여 들어 보면 그 이야기는 정말 놀랍습니다. 아이들의 생활과 아주 밀접한 이야기로 상대방을 설득하기도 하고, 평소 자주 듣는 가족의 말을 인용하기도 합니다. 대화가 계속되면 학생들은 스스로의 이야기를 꺼낼 수밖에 없습니다.

과학 시간, 용액에 대하여 배웁니다. 용액, 용질, 용매, 용해, 나프탈렌, 비커, 후추, 분말주스, 온도 등 개별적인 단어들을 나열한다면 잘 학습이 되지 않습니다. 단어는 그 자체만으로 우리를 감동시키지 않습니다. 그러나 학생들 자신만의 이야기는 단어와 단어를 연결시키고 상상하게 도와주면서 없던 줄거리도 만들어 냅니다. 끊임없이 연상작용하도록 도와주는 것이지요.

"내가 가져온 매실 물도 용액이야?"

"그렇겠다. 그러면 매실 액기스가 용질인 거야 아니면 물이 되는 거야?"

"매실 액기스와 물 중에 양이 더 많은 것이 용매가 되는 것 아닐까? 선생님께 여쭤보자."

"오호~ 그럼 이 매실 용액을 한번 마셔 볼까?"

학생들은 자신이 가져온 매실 물을 가지고도 용액과 용매의 단어들을 구분하고 있습니다. 학생들은 자신의 이야기 속에서 단어들을 연결합니다. 이렇게 세상과 연결되는 자신의 이야기이기 때문에 가장 쉽고, 오래 기억되며 재미있는 것입니다.

## 원칙 1 수업은 재미있어야 한다

### 짝과 함께

- **질문 만들기는 짝과 함께 만들기**
- 똑같은 질문을 써도 되고, 다른 질문을 써도 된다.
- 질문을 만들 때부터 그냥 수다 떨면서 하기
- 자신이 만들고 싶은 질문으로 어떤 것이든지 수용하기

  ☞ Tip 참고 《교실이 살아 있는 질문 수업》 P.54~59

### 움직여라

- **공간 움직임의 유의점**
- 학생들의 책상 위에 교과서, 공책, 연필, 지우개 등 기본적 학습용품만 올려 두기
- 친구들 물건에 손대지 않기
- 짝 이동할 친구를 위해 책상 정리로 배려하기
- 교실 밖으로도 움직이자. 교실이라는 한정된 공간이 주는 제한점을 벗어나 학교의 다양한 공간을 활용하는 것이 좋다. 복도, 운동장, 쉼터 등 다양한 장소를 활용하자.

### 질문과 대화도 놀이처럼

- **질문이 쉬우려면?**
- 교사의 허용적인 마음
- 까바놀이, 까만놀이로 질문이 쉽다고 느끼게 만들기
- **학습대화가 수다가 되게 하려면**
- 짝 이동을 자유로이 해서 마음 편하게 수다 떨기
- 놀이처럼 짝을 변화하면서 움직임을 주어라.
- 짝 이동에 따른 학습대화 시간을 점차적으로 늘리기

★
원칙 2
**아는지 모르는지
스스로
확인하게 하라**

"알겠는데 뭐라고 표현을 못하겠어요."

학생들이 자주 하는 말입니다. 당연하다고 생각한 것에 의심을 품게 된 질문이라면 그 질문에 설명할 수 있는 것은 자신이 어디까지 알고 있는가를 스스로 확인하는 길입니다. 진정한 앎은 스스로 설명할 수 있을 때 가능한 것입니다. 알다시피 '설명하기'는 매우 어려운 수준의 사고활동입니다. 하나의 개념(문제, 학습과제)을 완전히 이해하고 해결했을 때에 설명할 수 있고 타인에게 가르칠 수 있게 됩니다. 이 설명하기를 통해서 메타인지를 만들어갈 수 있습니다.

## Q11
## 아는지 모르는지를
## 어떻게 알 수 있지?

"다음 질문에 '안다'나 '모른다'로 빠르게 답해 주세요."

Q : 우리나라의 수도는? A : <u>안다</u>

Q : 유럽에서 다섯 번째로 큰 도시는? A : <u>모른다</u>

아마도 첫 번째 질문과 두 번째 질문에 대한 대답의 속도는 거의 같을 겁니다. 이렇게 자신이 아는 것과 모르는 것을 명확하게 구분할 수도 있지만, 일상생활이나 학습은 명확하게 '안다'와 '모른다'는 사실로 구분하기가 어렵습니다. 하지만 그것을 설명하게 해보면 스스로 아는지 모르는지 바로 알 수 있습니다.

메타인지(자신의 인지과정에 대해 생각하여 자신이 아는 것과 모르는 것을 자각하는 것과 스스로 문제점을 찾아내고 해결하며 자신의 학습과정을 조절할 줄 아는 지능과 관련된 인식)의 시작은 자신이 아는 것과 모르는 것을 자각하는 일입니다.

질문 수업에 중요한 것은 스스로 아는 것과 모르는 것을 먼저 인지할 수 있도록 도와주는 일입니다.

### (1) 짝 대화로 생각할 틈을 주어라

**즉각적인 설명을 없애라**

"자녀들에게 가장 많이 하는 말이 무엇인가요?"

유아부터 청소년의 자녀를 둔 부모님들께 여쭈어보았습니다. 부모님들은 자녀에게 어떤 말을 가장 많이 하실까요? 사랑한다, 좋아한다 등의 애정 어린 말들을 주고받고 있을까요? 부모라는 입장에서 자녀에게 무한 사랑을 주고 있는 것은 당연할 겁니다. 그러나 자신도 모르게 가장 많이 쓰게 되는 말이 있습니다.

씻어라, 먹어라, 공부해라, 방 치워라, 게임하지 마라, 자라 등 일상생활에서 이루어지는 일들에 대한 말들을 가장 많이 하게 됩니다. 부모로서 자녀들에게 삶을 영위하는 가장 기본적인 것을 전달하고 있는 것입니다. 하지만 이런 부모의 말을 행동으로 실행해야 하는 이는 바로 자녀입니다. 말은 부모님이 하지만 행동을 하는 이는 자녀인 것이지요. 엄마는 아이에게 왜 씻으라고 했을까요? 아이가 더럽기 때문입니다.

"씻어라"라는 말은 명령어입니다. 그렇다면 아이는 무조건 이 명령에 따라야 하는 것일까요? 아이 스스로는 생각과 판단의 시간이 없었습니다. 아이 스스로 자신이 더럽다는 인식이 없었기 때문에 씻지 않고 있다가 엄마에게 혼이 나는 것이지요. 명령에 따르는 것도 기분이 나쁘고 씻어야 하는 이유도 모른 채 아이는 화가 납니다. 그러나 엄마 입장에서는 당연히 더러우니까 씻으라고 한 것입니다. 씻어야만 하니까요. 그러나 이것은 엄마의 생각입니다. 말한 대로 아이가 시행하면 되는 일이기 때문에 어려운 것이 아니라고 생각합니다.

어떤 행위가 이루어지려면 행위의 주체가 스스로 생각하고 판단하고 결정해야 합니다. 그러나 아이의 머릿속에서는 생각이 일어나기 전에 부모의 판단에 의해 씻어야 한다는 결정이 내려진 것입니다. 그렇기 때문에 아이는 행동으로 옮기기 싫은 것이지요. **자신의 생각과 판단, 결정의 과정이 없었으니까요.**

이번에는 교실을 살펴보겠습니다. 선생님들은 어떨까요?

선생님들의 마음이나 부모의 마음이나 비슷할 겁니다. 더러운 아이를 보면 씻으라고 말하게 됩니다. 그러나 생각과 판단의 과정을 거치지 않은 아이 입장에서는 참으로 황당할 수밖에 없습니다. 아이에게 스스로 생각, 판단, 결정할 수 있는 질문과 대화가 필요한 순간들이 옵니다.

교사 : 무슨 놀이를 했니?

학생 : 친구들과 놀이터에서 놀았어요.

교사 : 너의 옷은, 손은 어때?

학생 : 더럽네요.

여기까지만 대화해도 아이는 스스로 씻으러 갈지도 모릅니다. 자신이 놀면서 몸 상태가 더러워졌다는 사실을 인지하기만 해도 씻어야 한다는 결정을 내리기가 쉬워집니다. 판단과 결정은 행동의 실천으로 이어지게 하는 원동력입니다. 무슨 놀이를 했니? 너의 옷과 손은 어때? 이렇게 **두 개의 질문만 가지고도 학생들이 스스로 생각, 판단하고 결정하여 행동하게 하는 것에 도움을 줍니다.**

수업에서도 마찬가지입니다.

선생님들은 학생들이 기본적으로 알아야 할 지식들을 잘 전달하기 위해서, 잘 가르치기 위해서 열심히 설명합니다. 그러나 학생들 스스로 생각, 판단, 결정한 일이 아닙니다. 그것을 알고자 하지도 않았습니다. 더구나 인간은 자신이 필요하다고 생각되는 것만 보려는 경향이 있습니다. 매 순간 주어지는 자극의 양이 엄청나며 인간의 인지 능력에는 한계가 있기 때문에 선택적 지각을 할 수밖에 없는 것입니다. 선생님의 말씀이 자신에게 꼭 필요하다는 인식이 되어 있지 않다면, 학생들의 귀에는 잘 들어오지 않습니다.

**교사의 설명에 남는 것은 교사 설명뿐입니다.**

수업을 하다 보면 아이들이 유독 대답을 잘할 때가 있습니다.

'어머, 아이들이 오늘 수업에 너무 집중을 잘하는데? 오늘 수업 정말 잘 되겠는데?'

아이들과 열심히 눈을 마주치면서 아이들이 쉽게 이해할 법한 친근한 이야기를 예로 들어가며 설명합니다. 몇몇 아이들이 "아하!"하면서 고개도 끄덕입니다. 매우 신이 납니다. 평소 잘 하지 않던 칭찬도 더 많이 하게 됩니다. 그렇게 훈훈하게 수업이 끝날 무렵 교사는 수업에 집중하고 대답을 잘했던 아이들이라면 충분히 설명하고도 남을 아주 쉬운 개념 확인을 위해 묻습니다.

"희소성이 뭐였죠?"

그러나 충격적인 대답이 돌아옵니다.

"모르겠는데요."

교사가 쉬운 예를 들어가며 이야기할 때 끄덕이던 아이들은 어디 갔을까요? 학생들은 교사가 '선택의 문제는 희소성 때문에 일어난다.'고 말하는 그 순간에는 분명히 알았습니다. 하지만 교사가 말해준 것을 그냥 듣고 고개만 끄덕이고 묻는 말에 '예' 혹은 '아니오'로 대답만 했던 아이에게 남은 것은 무엇일까요? 스스로 생각해 보지 않았던 학생에게 남은 것은 결국 "선생님 설명은 아주 잘 알겠는데 전 희소성이 무엇인지 모르겠어요." 라는 대답입니다.

### 짝 대화로 생각할 틈을 주어라

교사가 설명을 시작하면 학생들은 마치 자신이 알고 있었던 것이라고 생각하거나, 모르던 것이라 해도 바로 이해했다고 착각하게 됩니다. 타인의 이야기를 들을 때는 분명히 알고 있다는 착각에 빠지게 되지요. 그래서 교사가 가르치기 전에, 설명하기 전에는 질문을 통해서 학생들 자신이 '알고 있다'와 '알지 못한다'를 구분하게 도와주어야 합니다.

교사는 학생들의 배움을 이끌기 위한 질문을 합니다. 이러한 활동은 꼭 질문 수업이 아니라도 모든 수업에서 이루어집니다. 교사의 설명이 많은 수업에서도 학생들의 사고를 촉진하기 위한 교사의 발문이 이루어집니다. 학습에 있어서 발문의 역할이 아주 중요하기 때문에 선생님들도 이에 대해 많은 연구를 하고 있는 것이지요. 그런데 혹시 이런 광경을 어디선가 보지 않으셨나요?

**교사가 질문을 던지면 몇몇 학생이 손을 들고 대답하는 상황.**

아마 우리에게 익숙한 광경일 것입니다. 교사의 질문에 한두 명의 학생이 발표하고 끝나는 것이 되어서는 안 됩니다. **일반 수업과 질문 수업의 차이점은 교사의 질문 후 이루어지는 학생들의 활동입니다.** 교사 질문 후 짝 대화를 하는 것입니다.

학생들이 생각을 열 수 있도록 대화할 시간을 주면 됩니다. 질문의 내용에 따라 다르겠지만 10초에서 30초 정도의 시간만으로도 충분합니다.

"짝끼리 이야기해 보세요."

"자신이 아는 만큼 또는 추측한 것을 짝에게 설명해 보세요."

이렇게 먼저 대화할 수 있도록 도와주기만 하면 됩니다.


— **교사가 질문을 제시한다.**

— **짝 대화를 한다.**

— **짝 대화의 내용 발표를 전체와 공유한다.**

왜 짝 대화를 해야 할까요? 교사가 질문을 던지면 외향적인 학생들이나 발표를 좋아하는 학생, 관심을 끌고 싶은 학생, 장난을 치고 싶은 학생 등 여러 가지 이유로 학생들은 빠르게 손을 들고 발표를 합니다. 발표가 이루어지고 나면 다른 학생들은 생각을 열 시간도 없이 타인의 사고를 받아들이고 침묵합니다. 또한 그 질문에 대하여 어떤 생각을 가지고 있었는지조차 알 수 없게 되기도 합니다.

그러나 교사의 질문 후 짝과 함께 대화를 하면, 이를 통해 자신의 생각이 무엇인지, 또 그것에 대하여 자신이 알고 있는지 모르는지를 확인해 보게 됩니다. 머릿속에만 담아 두는 것이 아니라, 짝에게 입을 열고 말을 해야 합니다. 말을 함으로써 스스로가 알고 있다, 모르고 있다를 인식하게 됩니다. 이러한 인지 작용이 있을 때에 학습이 시작될 수 있습니다.

### 단 10초만이라도

교사의 질문에 즉각적인 대답을 요구하지 말고 정말 단 10초라도 짝과 함께 입을 열고 대화할 수 있는 환경을 만들어 주는 것이 중요합니다. 질문의 크기에 따라 10초가 될 수도 있고 몇 분의 시간을 줄 수도 있을 겁니다. 그러나 최소 10초라도 주게 되면 학생들은 학습에 더 몰입할 수 있을 것입니다.

### 명성황후가 여자야?

6학년 교실, 여느 때와 다름없는 사회 시간이었습니다. 6학년 1학기 사회는 전부가 역사 수업이기 때문에 역사에 관심 있는 아이들은 이미 교과서를 뛰어넘는 수준으로 흥미롭게 참여하고, 관심도 없는 데다 어렵다고 무작정 역사를 싫어하는 학생들에게는 매우 곤혹스러운 시간입니다.

교과서를 짝과 함께 소리 내어 읽고, 질문을 만들고, 질문을 공유하고, 짝과 대화하고, 임오군란이 일어난 과정에 대한 질문에 서로 대화하던 중 한 남학생의 목소리가 모두를 놀라게 했습니다.

"명성황후가 여자였어?"

"진짜?"

명성황후가 여자인 것을 13년 만에 처음 안 그 남학생의 표정이 아직도 잊혀지지 않습니다. 그 친구의 말을 듣고 자신도 몰랐다는 사실을 인정한 또 한 명의 친구, 짝과 대화하는 과정이 없었다면, 생각할 틈을 주지 않았다면 그 학생들은 명성황후가 여자인지 몰랐을 것입니다. 책에 굳이 그러한 것까지 나와 있지 않았으니 말이지요. 교사의 일방적인 설명이 있는 수업이었다면, 또 잠시 대화할 시간을 주지 않았다면 그 학생들에게 정말 의미 있는 수업이 되었을까요?

### (2) 학생 스스로 질문하게 하라

4학년 〈무게 재기〉 단원이 시작되면 여러 가지 저울을 가져다 두고 선생님들께서 질문을 던지기도 하고 관찰한 후 차이점을 찾아보도록 학습을 안내합니다.

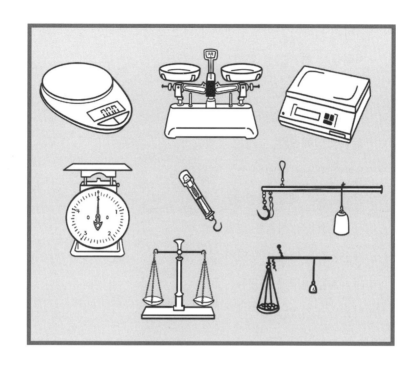

　일반 수업에서는 예를 들어 "저울들을 잘 관찰해 보세요. 이 저울들의 차이점은 무엇일까요?"라고 교사가 학생들에게 발문을 합니다. 그러나 질문 수업에서는 이렇게 던집니다.

**"저울들을 보고 질문을 만들어 보세요."**

　설명도 없고, 교사의 질문 없이 바로 수업을 시작할 수도 있습니다.

　선생님이 학습할 내용을 제시하는 것과 학생 스스로 질문을 만드는 것에는 차이가 있을까요? 질문을 만든다는 것은 학생 스스로 수업에 참여한다는 의미입니다. 질문을 만들려면 관찰을 할 수밖에 없습니다. 교사가 "저울들을 관찰해 보세요."라고 말하지 않아도 학생 자신이 인식하지 못하는 사이에 관찰하게 되고 생각하게 되는 것입니다.

— 사람들은 왜 저울을 쓸까?

— 저울의 단위는 g일까, kg일까?

— 왜 우유는 200g일까?

— 용수철 밑에 있는 고리는 무엇일까?

— 용수철저울은 어떻게 쓰는 걸까?

— 전자저울은 왜 있는 걸까?

— 가정용저울의 바늘은 뭘까?

— 가정용저울 안에는 무엇이 있을까?

— 대저울을 어떻게 사용하는 걸까?

— 저울은 누가 만들었을까?

……

4학년 과학 〈무게 재기〉 단원에서 여러 가지 저울을 보고 학생들이 만든 질문입니다. 이렇게 수업의 시작점에 학생 자신이 궁금한 점이나 모르는 것을 찾아보게 하는 것이 우선되어야 합니다. 질문은 자신이 아는지 모르는지 알려 주는 좋은 도구가 됩니다. 스스로 질문을 던질 때 학습을 새로이 인식하게 되고 배움으로 들어가기 쉬워집니다.

질문은 단순히 아는지 모르는지만을 알려 주는 것이 아닙니다. 아무 생각 없이 받아들이기만 하던 아이들이 '그냥'이라는 말로 지나치던 일상을 눈여겨보게 되는 일입니다. 관찰하는 힘, 다르게 보는 힘을 길러 줍니다. 다르게 본다는 것은 다르게 생각한다는 것입니다. **의**

**문이 생겨야 그것이 다르게 보이는 것입니다.** 선생님이 시키니까 외우고, 남들이 하니까 그냥 따라하던 일들이 **자신 안에 새로운 물음표로 남는 일입니다.**

결국 질문이 '자기 선택권'을 가질 수 있도록 도와줍니다. 학습을 스스로 하겠다는 의지를 가질 수 있도록 도움을 주는 것이지요.

앞서 나왔던 학생들의 질문을 살펴보면, 학생들은 각 저울의 사용법에 관심을 가지고 있다는 것을 알 수 있습니다. 특히 대저울이라는 아주 낯선 저울을 본 아이들은 요상하게 생긴 이 저울이 어떻게 작동하는지를 궁금해합니다. 예전에 쌀집에서 주로 사용했다는 말을 하니 쌀집이 따로 있었냐고 묻는 아이들로 인해 본의 아니게 옛날과 오늘날의 생활 모습을 비교하게 되는 상황으로 자연스럽게 연결되기도 했습니다. 또한 아이들은 각 저울을 누가 만들었는가에 대한 관심이 매우 많음을 알 수 있습니다.

"저울이 왜 필요할까요?"

저울의 필요성을 인식하지 못한 아이들에게 저울 보는 법을 가르치는 것은 무의미해집니다. 저울이 개인의 삶 속으로 들어온 후에 배움도 필요한 것입니다. 학생들이 궁금해하는 순간 저울이 삶 속으로 들어오고 학습도 시작됩니다. 이렇듯 아이들의 현재 위치와 관심사가 파악되면서 수업의 흐름과 방향을 잡을 수 있게 됩니다. 그래서 학생 스스로 질문을 만드는 활동은 교사에게도 학생들에게도 꼭 필요한 과정입니다.

질문은 모르는 것을 물어보는 것입니다.

질문은 알고 싶은 것에 대한 호기심입니다.

질문은 안다고 착각한 것에 대한 합리적 의심입니다.

질문은 그 사람의 현재 값입니다.

질문은 스스로가 아는지 모르는지 알려 주는 도구입니다.

질문들은 수업의 방향을 찾아 주는 도구입니다.


## (3) 자신의 언어로 설명하게 하라

초등학교 4학년 수학, 분수의 덧셈에서 종종 발생하는 오개념은 분모끼리 더하고 분자끼리 더하는 것입니다. 많은 학생들이 분모가 같은 분수의 덧셈 계산은 잘합니다. 그러나 학생들에게 이렇게 질문한다면 어떨까요?

"왜 분자는 더하고, 분모는 더하면 안 돼?"

이 질문에 대해 스스로에게 설명할 수 있는 학생들이 몇 명이나 있을까요? 실제로 학생들은 분수의 덧셈 문제는 잘 풀면서도 이것을 설명하는 것은 힘들어합니다. 그러나 이에 대하여 쉽게 대답할 수 있는 방법은 의외로 간단합니다. 학생들에게 대화할 기회를 주고 서로 설명하게 하는 것입니다. 이를 위해 잘못된 덧셈식을 주고, 잘못된 이유를 그림을 그려가며 설명해 보게 했습니다.

Q : 2/4 + 1/4 = 3/8이 안 되는 이유는?

A학생 : 왜 분자끼리 더하고 분모끼리는 더하지 않을까? 만약에 책 5권이 있는데 지원이가 2권을 빌리고 가은이도 2권을 빌렸는데 희수가 2/5 +2/5 의 답을 구하고 싶어서 2/5+2/5를 더하는데 분모를 더하면 책 5권이 생기는 게 아니니까 분모끼리는 더하면 안 된다.

B학생 : 케이크 5개가 있는데, 두 친구가 각각 2개씩 가졌다. 한 사람은 2/5 또 한 사람은 2/5가 있다. 2/5+2/5=4/10가 되어 버리면 5개 있던 케이크가 10개가 되어 버리기 때문에 틀리다.

A, B학생은 서로 대화를 한 후 각자 공책에 글을 남겼습니다. 이 두 학생은 잘못된 이유를 설명하는 데 분수를 표현하기에는 조금 부족한 예를 선택하였습니다. 그러나 분수 덧셈을 했을 때 분모를 더하면 원래 있던 전체가 달라진다는 사실을 정확하게 인식했습니다.

**A학생 노트**

| 6/23 | 분모가 같은 분수와 덧셈 |
|------|------------------------|
|      | $\frac{2}{4} + \frac{1}{4} = \frac{3}{8}$ 이 안되는 이유 |
|      | 왜 분자끼리는 더하고, 분모끼리는 더하지 않을까? |
|      | $\frac{1}{4}$ 은 ◖ 사과 4조각중 1조각이고 |
|      | $\frac{2}{4}$ 는 ◖ 4조각중 2조각 이라서 분자만 더하면 |
|      | $\frac{3}{4}$ ◖으로 말이되는데 분모까지 더하면 $\frac{3}{8}$ ◖으로 |
|      | $\frac{3}{4}$ 이 안되기 때문에 |

## B학생 노트

| | |
|---|---|
| ○ | 분모는 자연수 분자가 아니니까 못 더한다. |
| | |
| ○ | 만약 케이크 6개가 있으면 두 친구가 각각 2개씩 가졌다. |
| | 한 사람은 $\frac{2}{5}$ 또 한사람 $\frac{2}{5}$가 있다. |
| | $\frac{2}{5} + \frac{2}{5} = \frac{4}{10}$ 가 되어버리면 5개였던 케이크가 10개가 되어 내려서 |

C학생 : 만약에 사과가 2개 있는데 그것을 4조각씩 잘랐어. 근데 내가 그중에서 2조각을 빼 먹었어. (2/4) 그리고 1조각을 더 먹었어. (1/4) 그래서 2/4+1/4=3/8으로 계산하면 내가 사과를 8개 중 3개를 먹은 게 되니까 틀려.

D학생 : 분자끼리는 더하고 분모끼리는 더하지 않을까? 1/4은 사과 ■□□□ 4조각 중 1조각이고 2/4 는 ■■□□ 사과 4조각 중 2조각이라서 분자만 더하면 3/4 ■■■□ 으로 말이 되는데 분모까지 더하면 3/8으로 3/4이 안 되기 때문이다.

처음에는 설명하기 어려워했던 C학생은 짝 D학생이 해 준 이야기를 듣고 나서 또 다른 친구에게 설명을 하였습니다. 아이들은 짝과 대화하며 이야기를 보충하고 수정해가며 점점 자신만의 학습으로 만들어갑니다.

**C학생노트**

| | |
|---|---|
| ① | 만약에 사과가 2개가 있는데 |
| [개념사과] | 그거을 4조각 씩 잘랐어 근데 내가 |
| | 2중에서 2조각을 버렸어. |
| | 좀 그래서 1개를 더 잘라서 1조각을 먹 |
| | 었어 $\frac{2}{4}$ 그래서 $\frac{2}{4}+\frac{1}{4}$를 꼽으로 하면 |
| | 뭐 내가 사과를 8개하고 또 3개를 더먹을 |
| | 먹은 거니까 틀렸져 |

**D학생노트**

| | |
|---|---|
| 6/23 | 4. 분수의 덧셈과 뺄셈 |
| | |
| □ | 분모가 같은 분수의 덧셈 |
| ✏ | $\frac{2}{4}+\frac{1}{4}=\frac{3}{8}$이 안되는 이유 |
| | 왜 분자끼리는 더하고, 분모끼리는 더하지 않을까? |
| ① | 만약에 책 5권이 있는데 지원이가 2권을 빌리고 |
| | 가은이도 2권을 빌렸는데 희수가 $\frac{2}{5}+\frac{2}{5}$의 답을 |
| | 구하고 싶어서 $\frac{2}{5}+\frac{2}{5}$를 더하는데 분모을 더하면 책5권 |
| | 생기는게 아니니까 분모끼리는 더하면 안된다. |

이렇게 그림을 그리거나 실생활의 예를 들어 자신만의 이유를 만들어 본 아이들의 머릿속에는 분수가 단지 계산해야 하는 숫자로 들

어와 있는 것이 아니었습니다. 우리 주변의 케이크, 사과, 피자, 책의 예로 와 닿은 것입니다. 내 주변에서 쉽게 접할 수 있는 사물을 바탕으로 설명하는 건 자신이 겪은 일이기에, 그리고 충분히 예상 가능한 일이기에 설명하기가 쉽습니다. 이렇게 왜 분모끼리 더하면 안 되는지 친구에게 또 스스로에게 한 번 더 설득을 한다면 그 앎은 전과 다를 수밖에 없을 것입니다.

**"알겠는데 뭐라고 표현을 못하겠어요."**

학생들이 자주 하는 말입니다. 그러나 진정한 앎이란 스스로 설명할 수 있는 것이어야 합니다. 선생님들도 아시다시피 '설명하기'는 매우 어려운 수준의 사고활동입니다. 하나의 개념(문제, 학습과제)을 완전히 이해하고 해결했을 때에 설명할 수 있고 타인에게 가르칠 수 있게 됩니다. 이 '설명하기'를 통해서 메타인지를 만들어갈 수 있습니다.

당연하다고 생각한 것에 의심을 품게 된 것이 질문이라면 그 질문에 설명할 수 있는 것은 자신이 어디까지 알고 있는가를 스스로 확인하는 길입니다. 우리의 수업은 학생들이 설명을 잘 할 수 있도록 목적적인 설계가 이루어져야 합니다. 그랬을 때 학생들은 자신의 언어로 설명하고 배움의 깊이를 더할 수 있게 됩니다.

## 원칙 2 아는지 모르는지 스스로 설명하게 하라

### 짝 대화로 생각할 틈을 주어라

- **즉각적 설명의 본능 없애기**
  - 교사가 질문하고 몇몇 학생만 바로 발표하는 구조를 바꾸어라.
  - 학생들이 모른다고 바로 설명하지 마라.

- **짝 대화로 생각할 틈을 두어라.**
  - '짝끼리 이야기해 보세요' 짝 대화로 생각을 여는 시간 주기
  - 10초/30초의 여유, 생각할 틈 주기
  - 짝 대화를 전체 공유하기

### 학생 스스로 질문하게 하라

- **교사 질문 vs 학생 질문**
  - 교사가 제시해 주는 질문보다 스스로 만들게 하라.
  - 스스로 질문을 만듦으로써 무엇을 모르는지 인식하게 하라.

### 자신의 언어로 설명하게 하라

- **학생이 자신의 언어를 표출하게 하려면?**
  - 수업을 학습대화할 수 있는 구조로 바꾸기
  - 그 학생의 문화적 지능을 온전히 받아 주기
  - 학생들이 상호 설명할 수 있는 수업으로 설계하기

# 스스로
## 선택하게 하라

선택을 한다는 것은 책임을 진다는 의미입니다. 학생들이 <u>스스로</u> 선택했기에 <u>스스로</u>
참여하여 책임을 지려고 합니다. 결국 '<u>스스로 고른다</u>' '<u>스스로 선택한다</u>'는 주도권이
주어지면 상황에 만족하고 적극적인 참여가 시작되는 것입니다. 실험을 하는 자세를
바꾸어 주는 교사의 용어. 그것은 학생들에게 선택권을 준 교사의 언어 사용법에 있
지 않을까요?

# Q12
## 선택했다고
## 느끼게 하려면?

### (1) YES를 부르는 교사 용어

"제가 알아맞힌 것이 아니라 상대방이 그렇게 그리도록 컨트롤했습니다."

TV 프로그램에 마술사 이현우씨가 출연하여 자신의 마술 비법을 소개하면서 한 말입니다. 멘탈매직에서는 심리학적 트릭이나 통계학을 응용하여 상대방이 생각하는 것을 알아맞힌다고 합니다. 언어의 올가미를 쳐서 상대방 스스로 마술사가 원하는 방향으로 그림을 그릴 수밖에 없게 만든다는 것입니다.

어찌 보면 교사의 용어는 이러한 멘탈매직에서 사용하는 용어와 같은 것일지도 모릅니다. 학생이 스스로 선택한 줄 알고 있지만 사실은 교사가 의도한 일일 수 있다는 것이지요. 스스로 선택했다고 착각하고 적극적인 참여로 이끄는 일, 그것이 수업에 필요한 요소가 아닐까요?

**"이번 시간 짝 이동 활동은 회전 또는 징검다리, 무엇으로 할까요?"**

짝 이동 활동 전에 어떤 형태로 이동할 것인지 선택하라고 항상 질문을 던집니다. 학생들의 의견이 분분합니다. 대부분은 다수결의 원칙으로 결정됩니다. 학생들이 결정하면 바로 짝 이동 활동이 시작됩니다. 학생들은 반 전체 친구들이 결정한 사항이기에 대부분 활동에 잘 참여합니다. 선생님이 시킨 것이 아니라 본인들이 선택했다고 생각하기 때문입니다.

여기서 잠깐, 정말 학생들은 선택을 한 것일까요?

교사가 사용한 질문을 살펴보겠습니다. 이 질문에는 이미 짝 이동 활동이 기정사실화된 후를 물어보고 있는 것입니다. 학생들은 짝 이동 활동을 할 것인가 하지 않을 것인가를 고민하는 게 아니라 어떤 형태를 결정할 것인가에 대하여 고민하고 있는 것입니다.

'짝 이동 활동은 하지 않겠다'라는 'NO'는 사라진 상태에서 선택을 부여한 것이지요. 교사가 짝 이동 활동을 하겠다고 마음먹은 후 제시한 발문인 것입니다. 만약 교사가 이렇게 질문했다면 어떤 반응이 나올까요?

**"여러분, 짝 이동 활동을 할까요?"**

**"네, 좋아요." 또는 "움직이기 싫어요, 그냥 그 자리에서 해요."**

응답하는 비율과 상관없이 yes와 no를 선택하는 형태가 나올 것입니다. 누군가의 입에서 부정적인 No가 나오면 그 수업 분위기는 흐트러집니다. 수업을 진행하는 교사의 입장에서는 NO를 다시 YES로 바꾸기 위해서 에너지를 써야 합니다. 또한 NO를 선택한 친구는 짝 이동 활동을 하는 내내 불편한 기분으로 활동하게 됩니다. 일단 '아니오' 모드에 들어가면 좀처럼 마음을 되돌리기가 어렵습니다.

그렇다면 교사가 다음과 같이 결정을 내리고 지시를 한다면 어떨까요?

**"지금부터 회전 방식으로 짝 이동 활동을 하겠습니다."**

학생들은 그냥 선생님의 결정을 따를 뿐입니다. 재미있다고 생각하지 않습니다. 그냥 해야 하니까 할 뿐이지요.

Yes를 부르는 질문의 방식은 기업에서 많이 사용한다고 합니다. 손님에게 "옵션을 추가하시겠습니까?"라는 질문 대신 "어떤 옵션을 선택하시겠습니까?"라고 질문하면 옵션을 선택해야 하는 것으로 받아들여서 옵션을 선택하는 확률이 높아진다고 합니다. NO를 지워버리고 선택권을 주는 언어기법을 '더블 바인드'라고 하는데, 문화인류학자 그레고리 베이트슨이 제시한 이론으로 '이중 구속'이라고도 합니다. 이 기법은 상대에게 지시하거나 부탁하는 것이 아닙니다. 그저 선택할 수밖에 없는 질문으로 상대를 이끄는 것이라고 합니다.

수업 시간에도 교사들은 습관적으로 '예' 또는 '아니오'를 부르는 언어를 자주 사용하고 있는지도 모릅니다. 과학수업 시간을 예로 들어 볼까요?

**"지금부터 실험을 해 볼까요?"**

교사들은 이러한 권유 형태의 질문을 자신도 모르게 많이 사용하고 있습니다. 이 발문은 교사가 의도하지 않았지만 '예' 또는 '아니오'로 답하도록 유도한 상황이 되어 버린 것입니다. 그래서 "지금부터 실험을 시작하겠습니다. 실험 시 주의사항은……" 이라는 식의 일방적인 설명으로 시작하는 경우도 많습니다. 처음부터 NO를 원천봉쇄하고자 하는 마음에서 지시적으로 변하기도 합니다. 어떻게 말하면 학생들에게 선택권을 부여하고 실험을 시작할 수 있을까요?

**"실험에 앞서 실험 기구는 여러분이 스스로 찾아 가져갈까요? 아니면 대표 한 명이 나누어 줄까요?"**

**"실험은 모둠으로 할까요? 2명 1조로 할까요?"**

위 두 문장은 이미 실험을 한다는 기정사실이 이루어지고 어떤 형태로 할 것인지 선택권을 준 상황이 됩니다. 선택을 한다는 것은 책임을 진다는 의미입니다. 학생들이 스스로 선택했기에 스스로 참여하여 책임을 지려고 합니다. 결국 '**스스로 고른다**' '**스스로 선택한다**'는 **주도권이 주어지면 상황에 만족하고 적극적인 참여가 시작되는 것입니다.** 실험을 하는 자세를 바꾸어 주는 교사의 용어. 그것은 학생들에게 선택권을 준 교사의 언어 사용법에 있지 않을까요?


## (2) 질문은 각자가 선택하게 하라

앞의 〈원칙 2〉에서 보셨듯이 질문은 학생이 스스로 만들게 됩니다. 수업을 시작하고 학생 1명당 3개씩만 만들어도 학급에 20명의 학생이 있다고 생각하면 60개의 질문이 나오지요.

이 많은 질문을 수업 시간에 다 활용할까요? 물론 아닙니다. 단위 수업의 특성상 시간 제약, 배워야 할 학습목표 등 여러 가지 복합적으로 다루어야 할 사안이 많습니다. 이 질문을 수업 중에 하나하나 챙겨서 대화해 볼 수는 없습니다. 그래서 많은 선생님들은 모둠 학생들끼리 대화하여 질문을 뽑으라고 하는 경우가 많습니다. 한마디로 최고의 질문을 골라 보라고 하는 것이지요. 그런데 최고의 질문이라는 게 있을까요?

질문을 뽑게 하는 교사의 의도는 학생들이 스스로 참여하여 토의하고 질문을 선택할 수 있게 하려고 한 것입니다. 또한 그 과정에서 배움을 일으키고자 했을 겁니다. 이런 활동은 질문의 수를 줄이는 효과를 가져오기 때문에 교사들은 모둠에서 질문을 고르게 합니다.

그런데 교실 현장은 교사의 의도와는 다르게 나타납니다. 성인들이라면 다양한 토의 시간을 충분히 가져서 질문을 고르거나 합의점을 찾아가게 될 겁니다. 그러나 학생들에게는 질문을 고르는 선택의 기준이 서로 다르고 배움의 깊이도 서로 달라 교사의 의도와는 다른 결과를 가져오게 됩니다.

5학년 과학 용해와 용액 〈여러 가지 물질을 물에 넣으면 어떻게 될까요?〉 수업 중에 드러난 현상을 살펴보면서 학생 각자가 질문을 선택하는 것이 왜 중요한지 살펴보고자 합니다. 이 수업은 여러 가지 가루 물질(소금, 분말주스, 나프탈렌)을 물에 넣고 녹는 정도를 관찰하는 수업입니다. 실험이 간단하고 교과서 내용도 어려운 점이 없어 무난한 수업을 할 수 있습니다.

과학수업은 다른 과목과 마찬가지로 짝과 함께 소리 내어 책을 읽고 질문을 만드는 것으로 진행할 수도 있으나 실험을 먼저 한 후, 실험 결과를 가지고 질문을 만들기도 합니다. 아래의 질문들은 실험 후, 책을 읽고 질문을 만든 것입니다. 학생들의 질문은 핵심 질문에서부터 수업 내용과 다소 거리가 있는 기상천외한 것까지 아주 다양했습니다.

**A학생**  1) 용질은 몇 가지 종류가 있을까?

2) 물은 왜 용매가 되었을까?

3) 분말주스도 용질일까?

**B학생**  1) 소금 말고 물에 잘 녹는 물질은 또 뭐가 있을까?

2) 나프탈렌은 먹을 수 있을까?

3) 분말주스는 왜 분말주스인가?

**C학생**  1) 용해, 용액, 용매, 용질은 무슨 차이점이 있을까?

2) 소금은 왜 녹을까?

3) 용액은 왜 오래 두어도 가라앉거나 떠 있는 것이 없을까?

**D학생**  1) 여러 가지 물질을 물에 넣으면 어떻게 될까?

2) 용해, 용질, 용매, 용액에는 왜 모두 '용'이 있을까?

3) 소금과 같은 용질은 녹을 때 사라지는데 맛은 왜 있을까?

**E학생**  1) 나프탈렌은 왜 녹지 않을까?

2) 소금과 분말주스 말고 다른 용질에는 무엇이 있을까?

3) 용해, 용질, 용매, 용액에는 왜 모두 '용'자가 들어갈까?

F학생 　　1) 나프탈렌은 왜 물에 녹지 않을까?

　　　　2) 물질에 따라 녹는 정도가 다른 이유가 뭘까?

　　　　3) 후추는 용액일까?


다음은 질문의 선택을 개인이 아니라 짝과 함께 하나의 대표 질문을 고르게 한 후 나타난 현상입니다.

| 용액에는 어떤 것들이 있을까? | 나프탈렌 이란 무엇일까? | 후추는 용매일까? | 물에 많이 녹는 물질은 무엇일까? |
|---|---|---|---|
| 나프탈렌은 왜, 물에 녹지 않을까? | 나프탈렌을 녹일 수 있는 방법은 없을까? | 어떤 물질이 용해가 잘 될까? | 세상에 용액이 없어지면 어떻게 될까? |
| | 용질의 종류에 따라 용해되는 정도가 왜 다를까? | 나프탈렌은 왜 물에 녹지 않을까? | 나프탈렌처럼 녹지 않는 물질은 뭐가 있을까? |

개인의 공책에 있는 질문과 짝과 함께 고른 질문을 비교해 보시기 바랍니다.


* 용액은 어떤 것이 있을까?

* 나프탈렌이란 무엇일까?

* 후추는 용액일까?

* 나프탈렌은 왜 물에 녹지 않을까?

* 나프탈렌을 녹일 수 있는 방법은 없을까?

* 물에 많이 녹는 물질은 무엇일까?

* 어떤 물질이 용해가 잘 될까?

* 세상에 용액이 없으면 어떻게 될까?

* 나프탈렌처럼 물에 녹지 않는 물질은 무엇이 있을까?

* 나프탈렌은 왜 물에 녹지 않을까?

* 용질의 종류에 따라 용해되는 정도가 왜 다를까?


　왜 학생 개개인의 공책 속 다양한 질문은 사라지고 짝과 함께 고른 질문은 비슷한 것만 쏟아져 나왔을까요? 문제는 자신의 질문 중에서 하나를 고르는 것이 아닌 짝과 함께 하나만을 선택하도록 했기 때문입니다. 짝 또는 모둠 친구들 중 질문을 하나만 고르라고 하면 학생들은 탐구하고 싶은 것을 선택하지 않습니다. 많은 질문 중에 공통적인 것을 고르려는 경향성이 강해집니다. 이 친구나 저 친구나 손해되지 않는 것을 선택하려고 합니다. 질문을 만들 때는 분명히 짝과 함께 다양한 주제로 이야기하지만 막상 하나만 선택하면 짝과 비슷한 것을 찾는 모습을 보입니다. 평소 자신감이 부족한 학생이나 짝이 나보다 말을 잘하고 좀더 강자라고 느끼는 경우 그냥 짝의 질문 중에 하나를 선택하고 마는 경우도 있습니다.

　교사가 의도한 것처럼 탐구하기 위한 질문을 선별하는 것이 아니라는 것입니다. 결국 짝 또는 모둠에서 하나를 선택하게 하면 질문이 가지는 '자기 선택의 효과'가 줄어듭니다.

**자신이 만든 질문을 스스로 선택할 수 있게 도와주어야 합니다.**

질문을 스스로 만든다는 것은 학습을 하겠다는 '자기 선택 효과'를 준 행위입니다. 그렇게 수업을 시작했는데 갑자기 내 것이 아닌 친구의 것으로 바뀌어 버린 것이지요. 그때부터는 수업 참여 의지가 줄어듭니다. 내 질문은 최고의 질문이 아니고 친구의 질문이 최고의 질문이 되었기 때문입니다. 어차피 내 것도 아니니 조금 덜 참여해도 된다는 마음이 들지요.

**배움 속에 있는 상태에서는**

**누군가의 질문만이 최고의 질문이 될 수는 없습니다.**

**학생 개개인의 질문 모두가 최고의 질문입니다.**

이렇게 짝끼리 또는 모둠끼리 선택하면 교사의 의도대로 질문의 수는 줄었을지 몰라도 학습목표와는 거리가 먼 다른 내용의 질문들만 무수히 쌓일지도 모릅니다. 짝끼리 골라온 질문 11개 중에는 5개가 나프탈렌에 관한 내용이었습니다. 물론 나프탈렌이 물에 녹지 않는다는 것을 알아야 합니다. 그러나 나프탈렌 수업이 아님에도 불구하고 이렇게 많이 나온 이유는 짝과 같은 단어가 적혀 있고 생소한 단어이기 때문에 선택되었을 가능성이 높다는 것입니다.

학생들의 공책을 살펴보면 실제로 나프탈렌에 관한 것보다 본시 수업의 목표인 용해와 관련한 질문들이 많습니다. 각자 궁금해하는 것을 선택했을 때는 전혀 다른 양상으로 나타납니다. 학생들 개개인이 선택하면 22개의 질문이 나옵니다. 이것을 잘 분류하면 수업의 핵심 질문과 이끎 질문으로 활용할 수 있습니다.(《교실이 살아 있는 질문 수업》참고)

이 질문들을 가지고 어떻게 실제 수업이 이루어졌을까요? 선생님은 나프탈렌을 설명해 주었습니다. 물론 나프탈렌을 설명한다고 잘못된 수업이라고 할 수 없습니다. 학생들은 궁금해하고, 알고 싶어했습니다. 거기에 대하여 분명히 다루고 지나가야 할 부분입니다. 여기서 나프탈렌이 학습목표에 맞지 않다고 그냥 넘어가는 것이 더 이상할 겁니다. 그러나 수업에 구현되는 질문을 학생들의 공책을 보면서 다시 찾아야 하는 번거로움이 생겼다는 것입니다.

## 원칙 3 스스로 선택하게 하라

### YES를 부르는 교사 용어

• **Yes, 학생의 적극적 참여가 이루어지려면?**
– 학생이 선택하게 하라.
– 교사의 질문을 수업에서 해야 할 일은 기정사실로 두고 양자택일하는 발문 만들기
– 학생들에게 '스스로 고른다' '스스로 선택한다'는 인식 주기

### 질문은 학생 각자가 선택하게 하라

• **모둠이 하나를 선택하게 하지 말라**
– 핵심 질문과 관련된 질문을 각자 선택하기
• **자신의 질문에서 각자 선택하라**
– 자신의 선택으로 수업 참여를 높여라
• **질문의 분류를 통해 학습을 초점화하라**
– 학생 질문을 분류하고 그것을 학습에 활용하라
  * 더 자세한 내용은 《교실이 살아 있는 질문 수업》 참고

원칙 4

★

# 생각과 배움을 공유시켜라

학습대화를 통해서 사회적인 존재로 성숙하는 데 필요한 인간관계를 배우게 됩니다. 대화를 하지 않는다면 인간관계의 미묘한 뉘앙스를 배우지 못할 겁니다. 학습대화를 통해서 서로 상호작용하면서 협상도 하고 새로운 이야기를 제시하기도 합니다. 그런데 이러한 상호작용이 1:1로 이루어지며 또 다른 짝을 만나 다시 1:1로 이루어집니다. 앞의 짝과 뒤의 짝의 대화 내용만 다른 것이 아니라 대화의 태도도 다릅니다. 어떤 친구는 정중한 태도로, 어떤 친구는 오만할 수 있습니다. 또 어떤 친구는 소심할 수도 있습니다. 친구들의 태도를 통해서 자신의 태도를 살펴보는 계기가 됩니다.

# Q13
# 상호작용을 통한
# 학습 공유는 어떻게 할까?

## (1) 다양한 상호작용

학생과 교사.

교과서와 수업을 위한 여러 가지 자료들.

교실이라는 제한된 공간.

이것은 대한민국 교실 안에서 수업을 위해 주어진 기본적인 상황입니다. 여기서 배움의 주체는 학생이고 그 외 교사, 자료들, 교실 공간 등 모두 학생들의 배움을 위해 존재하고 있는 것입니다. 한마디로 학생이 어떻게 하면 효율적이고 효과적으로 잘 배우게 할 것인가를 고민해야 합니다.

학생들이 학습대화를 깊이 있게 하고 싶어도, 아는 것이 없어서 또는 자료를 봐도 해석이 안 되어서, 도대체 어떤 것으로 나아가야 할지 몰라서 배움을 만들지 못하는 경우들이 있습니다. 이때 필요한 것이 바로 '공유'입니다. 생각을 공유하고 서로의 배움을 도와주도록 해야지요. 교실에 주어진 상황들을 가지고 효율적으로 공유할 수 있는 방법을 찾아야 합니다.

### 학생과 학생

학생 상호간의 공유가 바로 학습대화입니다. 단순히 한 명의 짝과 공유하는 것이 아닙니다. 짝 이동 활동을 통해서 더 다양한 배움을 공유합니다. 학생들 각자가 가진 다양한 문화적 지능을 공유하면서 배워가는 것입니다. 이미 '까만놀이'에서 짝 이동 활동을 통한 학생 상호작용을 보았을 겁니다. 이렇듯 짝 이동 활동의 다양한 변형은 학생들의 사고를 촉진하고 학습력을 키워 줍니다. 여기에서는 《교실이 살아 있는 질문 수업》(P135~153)에 다양하게 제시된 것 이외의 변형된 것을 안내하겠습니다.

### 학생과 교사

학생들 간의 학습대화가 한걸음 더 나갈 수 있도록 교사와도 공유해야 합니다. 학생들의 배움이라고 해서 교사가 공유하지 않는 것은 아닙니다. 교사가 던지는 질문은 학생들의 생각을 한층 더 깊어질 수 있도록 도와줍니다. 교사가 제시하는 핵심 질문과 이끎 질문은 〈원칙 5〉에서 좀 더 살펴보기로 하겠습니다.

**학생과 자료**

학습과 배움이 학생상호작용으로 일어나기도 하지만, 자료를 통한 배움도 빼놓을 수 없습니다. 보편적으로 활용되는 자료가 바로 교과서입니다. 교과서를 맹신하고 외우도록 하라는 것이 아닙니다. 주어진 자료를 잘 활용하여 학습에 도달하고자 하는 것입니다.

**\* 소리 내어 읽기**

이것은 교과서나 여러 가지 자료와 상호작용하기 위한 좋은 방법입니다. 또한 교과서의 지문을 짝과 함께 읽음으로써 공유할 수 있습니다.

**\* 질문 만들기**

교과서와 상호작용하는 최적의 방법입니다. 질문의 속성상 자세히 살펴보게 도와주고 의미 파악을 위한 가장 기초적인 상호작용입니다.

**자료와 자료**

수업 시간에 사용하는 학습자료는 실로 광범위합니다. 각 교과마다 학습자료들이 등장합니다. 그 학습자료들은 학생의 배움을 이끌어 주고자 수업 시간에 함께하는 것입니다. 그러나 이러한 학습자료들이 학생들의 배움에 무의미하게 작용하는 경우도 많고, 불필요한 경우도 있습니다. 이것은 상호작용을 하지 않아서 생기는 문제일 수도 있습니다.

학습에 주어진 여러 가지 자료들을 서로 연결하고 그것이 확장될 수 있도록 상호작용시키는 것이 중요합니다. 단순한 예를 들면 교과서 속에서의 글의 내용과 그림의 자료들을 서로 연결되도록 하는 것, 수학 시간에 활용하는 수학도구와 과학 시간의 실험도구 등을 교과서의 내용과 연결하는 것, 단어카드와 학습이 함께 어우러지게 하는 것 등 자료와 자료의 상호작용은 종합적인 사고를 위해서, 학생들의 사고의 지평을 넓히기 위해서 꼭 필요한 과정입니다.

단순히 주어진 자료들만의 연결이 아닙니다. 학생들이 배움을 통해서 작성한 공책들을 서로 공유하여 연결하는 작업 또한 마찬가지입니다. 학생들의 공책을 연결하는 것도 학습의 점프를 위해 매우 유용합니다.


## (2) 짝 이동 활동으로 공유를 극대화하라

### 학습의 효율과 효과의 극대화

앞서 말씀 드린 것처럼 질문 수업에서 가장 중요하게 여기는 것이 '짝 활동'입니다. 짝과의 대화와 활동이 주를 이루는 수업이기 때문입니다. 교실의 학생들은 혼자 연구하는 연구자가 아닌 배움이 필요한 존재들입니다. 혼자가 아니라 둘이서 함께 배워가는 구조가 필요하지요.

흔히들 자리가 배정되면 옆에 앉은 친구를 '짝'이라고 생각해 왔습니다. 그런데 '짝'의 정의를 다시 세워야 할 것 같습니다. 짝의 사전적 의미는 '둘 또는 그 이상이 서로 어울려 한 벌이나 한 쌍을 이루는 것'이라고 합니다. **이 수업에서는 고정된 자리의 짝을 말하는 것이 아닙**

니다. 변화하는 짝을 뜻합니다.

학습대화에서 짝이 변한다는 것은 생각이 다양해진다는 것을 뜻합니다. 다양한 짝을 만나는 활동은 세상 밖의 나를 만나는 과정으로 친구들의 생각들을 배움으로써 지식이나 사고의 지평을 넓혀가는 길입니다. 생각이 다양해진다는 것이 바로 수업의 재미를 더하는 것입니다.

**그렇다면 왜 이렇게 공유의 극대화가 중요할까요?**

우리는 수업이라는 제한된 시간 속에서 움직입니다. 그 시간 동안 즐겁고 행복하게 충분히 학습할 필요가 있습니다. 그래서 1:1 형태의 짝을 바꾸어 가면서 대화하는 것을 기본으로 합니다. 앞서 '까만 놀이'에서 보았듯이 짝 이동 활동을 통해 질문을 확장합니다. 사고의 확장이라는 측면에서는 학습대화도 마찬가지입니다. 단위수업 시간의 효율과 효과를 극대화하기 위해서는 **짝 이동 활동의 공유**가 절대적으로 필요합니다.

다음에 제시하는 도덕수업은 통일 이후, 남북한 사람들이 겪을 수 있는 문제점을 예상하고 그것을 어떻게 해결하면 좋을지 생각해 보는 수업으로 한 차시 분량의 수업입니다. 통일 후 다양한 측면에서 문제점이 나올 수 있다는 것을 인식하는 것입니다. 이러한 문제점에도 불구하고 우리가 왜 통일을 해야 하는지, 통일이 되면 좋은 점들은 무엇인지 학생들에게 생각해 보도록 하는 것이 핵심목표입니다.

이 수업에서는 다양한 문제점이 나올 수 있다는 것을 빠른 시간 내에 알 수 있게 하는 것이 중요합니다. 그래서 짝을 바꾸면서 생각들을 빠르게 확장시키는 것입니다.

▶ **통일 후 문제점과 해결점 살펴보기(1, 2차)**

• (이끎 질문) 통일 후에 어떤 문제점이 생길까? 그 해결점은?

〈짝 대화 방법〉

1) ①번 짝과 문제점을 생각하고 작성한다. 그와 관련한 해결점도 같이 작성
   한다. 대화하면서 문제점에 대하여 해결점을 찾을 수 없으면 그냥 빈칸으
   로 두어도 됨.

2) ②번 짝을 만나서 또 다른 문제점과 해결점을 찾기. 앞 친구와 해결하지
   못한 해결점에 대해서도 이야기 나누기

3) ③번 짝을 만나서 문제점과 해결점 찾기, ①과 ②에서 찾지 못한 해결점 찾기

• 원래 짝을 만나 다시 의견 나누기

 

 A, B 두 학생은 ①의 짝이었습니다. 그들의 노트를 보면 ①의 글 서
술이 조금 다를 뿐 대화 내용이 같습니다. 그리고 ②③은 서로 다름을
알 수 있습니다. ②와 ③의 짝은 각기 다른 짝을 만났습니다. 각자 새로
이 만난 짝과 의견을 주고받고 대화하면서 작성한 것이지요. 그리고 원
래 짝으로 돌아와서 서로 학습해 온 것을 비교하면서 대화를 합니다.
 짝이 변화한다고 해도 기본적 생각들은 크게 차이가 없습니다. 그
해결 방안도 학생들이 생각하는 수준에서는 크게 차이가 없습니다.
하나의 문제를 깊이 있게 다루는 학습이 아니라 통일 이후 다양한 문
제가 일어날 수 있음을 이해하는 것이기 때문입니다. 그러나 학생들
의 대화를 살펴보면 나름 깊이 있게 대화하고 있음을 알 수 있습니
다. A친구가 ②번 대통령의 문제점에서 B친구의 해결 방안을 보고

대화한 내용입니다.

A : 대통령을 어떻게 결합을 하니? 김정은하고 문재인 대통령을 결합한 다고?

B : 대통령 제도를 결합한다는 뜻이지.

A : 그니까 결합이라는 의미가 뭐야? 합체를 한다는 뜻 아니야?

B : 두 개 제도의 장단점을 찾아서 합친다는 것이지.

A : 합친다고 대통령이 나오는 것은 아니잖아?

B : 좋은 점을 합쳐서 결국 투표해야지.

A : 결국 투표하자는 거잖아.

B : 아니지, 장단점을 보완해서 투표하자는 의미야.

A : 그럼 결합보다 장단점을 보완하여 투표하자고 해야 하지 않을까?

B : 그렇네.

〈A학생 노트 내용〉

| | 문제점 | 해결점 |
|---|---|---|
| ① | 의사소통이 어렵다. | 서로의 언어를 배운다. |
| | 경제적 차이가 난다. | 북한 사람에게도 일자리를 준다. |
| | 민주주의 공산주의 | 민주주의로 천천히 바꿔 간다. |
| ② | 대통령 | 투표한다. |
| | 문화 차이 | 서로 문화에 대해 교류한다. |
| | 국기 | 새로 만든다. |
| | 환경 | 특색을 살려 새롭게 바꾼다. |
| ③ | 국회의원 | 투표한다. |
| | 나라 이름 | 새로 만든다. |
| | 법 | 새로운 법을 만든다. |
| | 종교나 사상이 다르다. | 서로 존중한다. |

〈B학생 노트 내용〉

| | 문제점 | 해결점 |
|---|---|---|
| ① | 언어가 달라 의사소통이 어렵다. | 남북한의 언어를 배운다. |
| | 경제적 차이가 난다. | 북한 사람에게 일자리를 제공한다. |
| | 민주주의와 공산주의 | 생활방식을 존중해 준다. |
| ② | 대통령 문제 | 북한과 남한의 대통령을 결합한다. |
| | 음식이 다르다. | 서로 북한과 남한을 존중한다. |
| | 생활방식이 다르다. | 남북한의 생활양식을 따라한다. |
| | 국기 모양 | 의논하며 서로 만든다. |
| ③ | 법 | 국회의원이 서로 정한다. |
| | 문화가 다르다. | 서로의 문화를 배운다. |
| | 군인의 군복 | 의견을 주고받으며 다시 정한다. |

▶ 통일 후 좋은 점 찾기 (✓3차)

- ④번 ⑤번 ⑥번 짝을 세 번 바꾸어 대화하면서 좋은 점 찾기

〈A학생 노트 내용〉

| | 좋은 점 |
|---|---|
| ④ | 땅이 넓어진다. / 이산가족 상봉 / 광물 채취 / 인구가 많아진다. / 군사력이 강해진다. |
| ⑤ | 분단국가에서 벗어난다. / 문화유산이 많아진다. / 백두산에 갈 수 있다. / 비무장지대가 열린다. |
| ⑥ | 노동력 증가 / 건설 경기 / 북한 음식을 배울 수 있다. / 새로운 문화를 배울 수 있다. / 기차를 타고 유럽에 갈 수 있다. |

〈B학생 노트 내용〉

| | 좋은 점 |
|---|---|
| ④ | 전쟁에 대한 두려움이 없다. / 광물을 많이 캘 수 있다. / 북한 땅에 갈 수 있다. / 군대를 안 가도 된다. |
| ⑤ | 비무장지대의 아름다움을 볼 수 있다. / 이산가족이 상봉한다. / 땅이 넓어진다. / 북한 친구를 사귈 수 있다. |
| ⑥ | 관광명소가 늘어난다. / 사드 배치를 안 해도 된다. / 다른 나라를 더 빨리 갈 수 있다. / 인구가 증가한다. |

위의 상황처럼 짝을 바꾸어 가면서 좋은 점을 찾다 보면 학생들은 서로 비교하면서 덧붙이기를 합니다. 이렇게 공유함으로써 서로의 생각을 더 빠르게 확장시켜 나가게 됩니다. 결국 짝 이동 활동을 통해서 학습 효율의 극대화가 이루어지는 것입니다.

| 6/27 | 4-③. 통일한국 1 이후 | |
|---|---|---|
| | 문제점 | 해결점 |
| ①. | 언어가 달라 의사소통이 어렵다. | 남북한의 언어를 배운다. |
| ②. | 경제적 차이가 난다. | 북한 사람들에게 일자리를 지원해준다. |
| ③. | 민주주의 와 공산주의 | 민주주의로 천천히 바꾸간다. |
| ④. | 대통령의 문제. | 북한 과 남한의 대통령을 결합한다. |
| ⑤. | 음식이 다르다. | 서로 북한 과 남한의 음식을 존중한다. |
| ⑥. | 생활하는 방식이 다르다. | 남북한의 생활방식을 따라한다. |
| ⑦. | 국기의 모양 | 의논을 하며 새로 만든다. |
| ⑧. | 법 | 국회의원과 다시 정한다. |
| ⑨. | 문화가 다르다. | 서로 문화를 배운다. |
| ⑩. | 군인의 극복 | 인정을 주고 받으며 다시 정한다. |
| ⑪. | 수도 | 서로 지역의 이름을 정한다. |
| ※ 좋은점 | 땅이 넓어진다. , 이산가족이 상봉된다. , 전쟁을 안 해도 | |
| | 된다. , 광물 자원이 많아진다. , 여러곳을 둘러볼 수 있다. | |
| | 북한이 대해 많은 걸 알 수 있다. , 서로의 힘을 합해서 강해진 | |
| | 백장 지대의 이름다움을 볼 수 있다. , 38선이 없어진다. | |
| | 북한의 언어를 볼 수 있다. , 도로가 많이 생긴다. | |
| | 대표적인 장소가 많아진다. , 인구가 늘어난다. , 북한의 정부를 조사함 | |

• 다시 질문 공책 1 •

## (3) 사회적 존재로 공유하기

학습대화를 시작하는 초반에는 관계의 미형성, 말하기의 어려움 등의 여러 가지 요인으로 대화가 매끄럽지 않을 수도 있고, 상대방의 생각을 듣기만 한 채로 끝날 수도 있습니다. 그러나 서로 마주 보고 대화할 수밖에 없는 환경 속에서 아이들은 결국 입을 열게 됩니다. 이야기를 한다는 것은 사고가 동반되는 것이므로 대화가 이어지다 보면 스스로 생각하게 되지요. 학습대화를 하다 보면 짝의 생각과 나의 생각이 만나 또 다른 지식을 구성해가는 과정 속에서 아이들은 '말할 거리'를 얻게 됩니다. 그러면서 자신만의 지식을 만들어 갑니다. 물론 이 과정에서 오개념도 만들게 됩니다.

처음 만난 짝을 통해서 구성되었던 지식은 다른 짝을 통해서 새롭게 재구성됩니다. 오개념이 수정되기도 하고 오개념이 더 강화되기도 합니다. 또한 자신의 생각과 다른 친구의 생각을 듣고 놀라기도 합니다. 자신의 생각을 다른 관점에서 고민해 보기도 합니다. **짝 이동을 통한 학습대화는 틀렸다 맞다를 알기보다는 서로 다양한 생각들이 공존하고 있음을 배우는 과정**입니다.

우리의 교실에는 학력의 수준차만 있는 것이 아닙니다. 성격도 다르고, 서로 다른 환경 속에 자란 아이들이 함께 섞여 있습니다. 학습대화는 단순히 학습적인 측면에서만 이루어지는 것이 아닙니다. 개인적인 가치나 자신의 삶의 방식도 드러나게 됩니다. 서로 다른 학생들이 다양한 생각을 주고받습니다. **학습만 교류하는 것이 아니라 문화를 교류하고 서로 관계를 만들어가는 아주 중요한 도구**입니다.

또한 학습대화를 통해서 사회적인 존재로 성숙하는 데 필요한 인간관계를 배우게 됩니다. 대화를 하지 않는다면 인간관계의 미묘한 뉘앙스를 배우지 못할 겁니다. 학습대화를 통해서 상호작용하면서 협상도 하고 새로운 이야기를 제시하기도 합니다. 그런데 이러한 상호작용이 1:1로 이루어지며 또 다른 짝을 만나 다시 1:1로 이루어집니다. 앞의 짝과 뒤의 짝의 대화 내용만 다른 것이 아니라 대화의 태도도 다릅니다. 어떤 친구는 정중한 태도로, 어떤 친구는 오만할 수 있습니다. 또 어떤 친구는 소심할 수도 있습니다. 친구들의 태도를 통해서 자신의 태도를 살펴보는 계기가 됩니다.

**1:1로 대화하다 보면 자신의 말을 친구에게 인정받게 되는 순간들을 무수히 만납니다.** 1:1 학습대화이기에 가능합니다. 듣다 보면 자신도 모르게 고개를 끄덕이고 친구의 아이디어에 엄지를 세우기도 합니다. 이런 대화 속에서 학생들은 스스로 자긍심과 자존감을 쌓아갑니다. 또한 나를 인정해 주었던 친구에 대하여 관대해집니다. 공감력도 커질 수밖에 없습니다.


### (4) 공책의 공유로 사고를 확산하라

학생의 상호작용 중에 공책의 공유는 학습을 한 단계 올려 줍니다. 공책 공유는 학생들의 생각을 빠르게 공유하고 확장시키기에 매우 유용합니다.

위의 도덕시간 '통일 후의 좋은 점'이라는 학습에서 ④번 ⑤번 ⑥번으로 세 번의 짝 이동 활동을 하면서 학습한 내용을 공책에 기록합니다. 학습대화의 특성상 말을 하고 말을 듣는 과정에서 사고의 폭은 넓어집니다. 그러나 주어진 단위시간에 짝 이동을 계속 할 수는 없습니다. 아직 만나지 않은 친구들의 생각을 다 알 수도 없습니다. 이럴 때 공책을 활용하면 빠르게 공유할 수 있습니다.

학습대화를 충분히 진행한 후에 공책을 공유할 경우에는 눈으로만 확인하고 대화하지 않도록 해야 합니다. 지금까지 입과 귀를 활용했으니 이제는 눈으로만 움직여서 활동하는 것도 좋습니다. 다음과 같은 방법으로 진행해 보면 어떨까요? 이것은 **놀이처럼 제한 시간이 있으며 움직임이 있기 때문에 학생들은 짧은 시간이지만 적극적으로 참여합니다. 수업의 몰입도를 높이는 방법이기도 합니다.**

1) 책상 위에 지금까지 작성한 공책 펼쳐 놓기
2) 제한 시간 내(1분)에 이동하여 다른 친구의 공책 살펴보고 오기
3) 이동 시 손은 뒷짐 지기, 다른 친구의 공책에 손대지 않기.
   ― 오로지 눈으로만 보고 오기
4) 자리로 돌아와서 자신이 살펴본 내용을 짝에게 전달해 주고(학습대화) 공책에 누가 기록하기
5) 제한 시간(1분) 이내에 다시 한 번 더 살펴보고 오기
6) 짝에게 전달하면서 공책에 누가 기록하기(학습대화)

눈으로만 보는 활동은 다른 이의 자료를 살펴서 자신의 공책에 기록되지 않은 것을 찾아오는 행위입니다. **찾은 자료를 짝에게 공유하면서 말을 통해서 다시 확인하고 자신의 학습으로 바꾸는 과정입니다.** 이렇게 공책을 활용하는 공유는 학습 형태에 변화를 주어 주의환기를 시켜 줍니다. 학습의 재미 요소를 첨가하는 것입니다. 또한 친구들의

자료를 서로 공유함으로써 생각과 배움을 확산시켜 갈 수 있습니다.


### (5) 질문으로 학습자료와 상호작용하기

'학습자료' 하면 무엇이 떠오르십니까?

교과서를 비롯하여 각종 영상자료, 수학 시간에 쓰는 자, 컴퍼스, 각도기부터, 과학 시간에 이용되는 각종 실험도구와 약품들, 수업 시간에 필기하는 공책들까지 일일이 열거하자면 지면이 모자랄지도 모릅니다. 수업 시간에는 정말 다양한 자료들이 함께합니다. 이러한 자료들과 먼저 상호작용하게 되면 학습 속으로 들어가기가 쉽습니다.

수학 시간에 '각도'를 배울 때 필요한 학습자료는 각도기입니다. 그렇다면 먼저 각도기와 상호작용을 하는 것이 좋습니다. 상호작용의 방법이 바로 '질문 만들기'입니다. 질문을 만들면 자료에 대하여 자연스럽게 관찰하게 됩니다.


〈각도기〉

* 각도기는 왜 만들어졌나요?

* 각도기가 없다면 어떻게 될까요?

* 각도를 읽을 때 숫자만 읽으면 되니요?

* 각도기는 왜 이렇게 생겼을까요?

* 위에 있는 숫자와 밑에 있는 숫자를 볼 때 무엇을 읽어야 할까요?

* 각도기는 어떻게 쓰나요?

* 각도의 단위는 무엇인가요?

* 각도기의 밑금은 무엇일까요?

* 각도기는 무엇을 할 때 쓰나요?

* 각도기의 크기는 각도를 재는 데에 지장이 없을까요?

* 70과 110 중 어느 것을 읽어야 하나요?

* 단위는 무엇인가요?

* 각도기는 왜 둥근가요?

* 각도기의 각은 몇 도까지 있나요?

* 각도기의 중심이 어디이고 어디가 밑금인가요?

* 각도기는 누가 만들었을까요?

* 각도기는 왜 배워야 하나요?

* 각도와 각도기는 무엇이 다른가요?

* 각의 크기를 재는 방법은 무엇일까요?

* 꼭 각도기로 각을 재어야 하는 것일까요?


각도기의 필요성부터 각도기의 모양, 사용 방법, 유래, 숫자를 읽는 법까지 정말 다양한 질문이 나옵니다. 이러한 자료의 질문이 바로 실제 수업과 연결되는 과정입니다.

각도기의 둥근 모양은 각이라는 도형의 모양과 관련이 있습니다. 이렇게 각을 이해하는 데 각도기의 모양이 도움을 줍니다. 또한 각도기의 무수한 숫자 배열을 보면서 각을 읽는 방법을 찾아갈 수도 있습니다. 각도기가 일상생활에서 왜 필요한지를 알게 되면 배움의 깊이도 깊어질 수밖에 없지 않을까요? 과학 시간에도 마찬가지입니다. 실험기구에 대한 질문으로 실험기구와 상호작용할 수 있도록 도움을 주어야 합니다. 실험기구에 관한 질문들을 학생들에게 만들어 보라고 하면 그 실험기구와도 학생들은 충분히 상호작용하게 됩니다.

〈스포이트〉

* 왜 끝이 뾰족할까요?

* 윗부분은 꼭 고무여야 할까요?

* 유리로 만든 이유가 있을까요?

* 간이 스포이트는 플라스틱으로 되어 있는데 그걸 써도 실험에는 이상이 없을까요?

* 왜 뾰족한 부분을 중앙이 아닌 옆으로 만들면 안 될까요?

〈온도계〉

* 왜 온도를 표시하는 것은 붉은색일까요?

* 어떤 원리로 올라가고 내려가는 걸까요?

* 빨간색의 원료는 무엇일까요?

* 온도의 눈금은 누가 정했을까요?

* 왜 100도까지만 있을까요?

* 0도 아래의 눈금은 어떻게 읽을까요?

그렇다면 여기서 질문 하나 드리겠습니다. 선생님들께서 많이 사용하는 시청각 자료는 학생들과 상호작용이 잘 될까요? 화면에서 제공하는 강렬한 시각적 자극 덕분에 학생들은 꼼짝하지 않고 참 잘 봅니다. 어떤 영상들은 학생들을 자력처럼 빨아들이기도 합니다. 이러한 현상은 학생들이 상호작용한 결과라고 할 수 있을까요? 그렇지 않습니다. 화면에서 제시되는 것은 이미 다 정해진 것들을 학생들에게 그냥 그 세계로 합류시킬 뿐입니다. 스스로 생각하거나 주위 사람들 또는 사물들과 상호작용한 것이 아닙니다. 그저 보는 것일 뿐입니다. 상호작용이 되지 않는다면 배움의 깊이가 깊어질 수 없습니다. **이러한 시청각 자료는 보여 주는 것으로 그쳐서는 안 되고 꼭 질문하고 대화하는 학생 간의 상호작용이 함께 이루어져야 합니다.**

학습자료와의 상호작용은 학습 전반에 걸쳐 아주 중요한 작용을 합니다. 학생들이 보거나 만져 보거나 여러 가지 조작활동을 해 봄으로써 사람이 가지는 기본적인 욕구를 충족시켜 줄 수 있어야 합니다. 앞선 저울 수업처럼 저울을 보여 주고 마음껏 달아 보게 하는 활동이 기본적 욕구 충족이라고 할 수 있습니다. **이때 질문을 만들게 되면 사고 활동이 촉진되고 배우고자 하는 욕구도 함께 일어납니다.**

## 원칙 4 생각과 배움을 공유시켜라

### 짝 이동 활동으로 공유를 극대화하라

- **짝 이동을 통한 학습효율의 극대화**
- 고정된 자리의 짝이 아니라 변화하는 짝
- 다양한 생각의 공유와 더불어 문화의 교류
- **Tip 다양한 짝 이동 활동 방법**
- 회전식, 징검다리, 임의식, 대열식
- 《교실이 살아 있는 질문 수업》참고

### 공책 공유로

- **공책 공유는 놀이처럼**
- 제한 시간 1분
- 오로지 눈으로만 공책 살펴보기
- 다른 친구의 공책 내용 짝에게 전달하기

### 질문으로 학습자료와 상호작용

- **학습자료로 질문 만들기**
- 수학교구로 질문 만들기
- 과학 실험도구로 질문 만들기
- 시청각 자료를 보는 것만으로는 상호작용하기 어렵다.

# 교육과정,
# 질문 수업, 평가를
# 일체화하라

이끎 질문과 평가의 단계 그리고 방법적인 면은 수업 과정에서 배움을 확인하고 피드백할 수 있는 구조로 수업이 설계되어야 합니다. 수업이 진행되는 동안 학습 자체가 바로 평가이고 그것이 자연스럽게 피드백되어서 최종적으로 이루고자 하는 핵심질문을 해결할 수 있게 해 줍니다. 핵심 질문에 따른 기본 학습을 4단계로 설정하여 '매우 잘함'의 형태에 도달할 수 있도록 수업 구조화하는 것이 중요합니다.

# Q14
# 질문 수업에서
# 교-수-평 일체화는 어떻게 할까?

　모든 놀이에는 나름의 규칙이 있습니다. 놀이는 약속이 따르는 활동입니다. 규칙 내에서 활동이 이루어질 때 놀이가 잘 진행되고 재미도 있는 것입니다. 그런데 놀이의 규칙이 무시되고 마음대로 움직인다면 그 놀이는 더 이상 할 수 없습니다. 바둑을 둘 때 바둑돌을 한 번만 옮겨야 되는데, 기분 내키는 대로 여러 번 옮기면 바둑이라는 게임은 더 이상 지속할 수가 없습니다. 장기도 마찬가지입니다. '왕, 마, 차, 졸'마다 움직이는 값이 정해져 있는데, 마음대로 칸을 움직인다면 놀이는 엉망진창이 되어 버릴 겁니다. 이렇게 모든 놀이에는 나름의 규칙이 있습니다.

　질문 수업에서도 마찬가지입니다.

　학생들이 질문을 만들면 교사들이 그 질문을 못 미더워하는 경우가 많습니다. 그냥 스스로 알아서 하게 내버려 두어도 학생들은 자연스럽게 질문을 만듭니다. 학생들이 스스로 만들 수 있도록 일정 수준 정도만 안내하면 됩니다. 다양한 생각으로 질문을 쏟아내는 것이 자유롭게 느껴져야 학생들은 마음껏 질문을 즐길 수 있게 됩니다.

그렇다고 해서 아무 체계 없이 무조건 학생들이 마음대로 하도록 풀어놓는 것을 뜻하는 것은 아닙니다. 그러한 질문을 체계적으로 정돈된 느낌으로 수업이 흘러갈 수 있도록 교사가 유도해야 합니다. 학생들이 어떠한 질문을 쏟아내고 자유로운 날갯짓을 하더라도 수업이라는 작은 규칙 안에 있음을 알게 해야 합니다. 그 작은 통제 안에서 자유롭고 편안함을 느끼도록 하는 것이 '핵심 질문'과 '이끎 질문'입니다. 하나의 초점으로 맞추어 흘러간다는 것을 알아야 학생들도 편안함을 느끼고 더 자유롭게 사고하게 됩니다.

### (1) 과정중심평가란?

핵심 질문과 이끎 질문을 이야기하기에 앞서 평가에 대한 정의를 먼저 내려야 할 것 같습니다. **요즘 교육계에서는 '과정중심평가'를 강조하고 있습니다. 이 말은 역설적으로 지금까지 '결과중심평가' 였다는 것을 대변하는 말인지도 모릅니다.**

'평가'라고 하면 어떤 단어들이 띠오르십니까? 중간고사, 기말고사, 수행평가, 관찰평가, 상호 평가, 동료평가, 지필평가, 진단평가 등 평가라는 단어가 들어간 말들이 쏟아져 나올 겁니다. 이것은 평가의 방식이나 형태를 구분하려고 하는 것이 아닙니다. 그냥 선생님들 머릿속에 가장 많이 들어 있는 평가라는 단어와 함께하는 말들을 떠올려 본 것뿐입니다.

선생님들께 다시 어떤 평가가 불편하고, 어떻게 변화되었으면 좋겠는지 여쭈어보자, '수행평가'라는 답들이 돌아왔습니다. 또한 수행평가가 불편하다고 하십니다. 그 이유는 수행평가를 지필평가처럼 할 수밖에 없기 때문이라고 합니다. 수업을 종료하고 시험을 치는 것 같은 느낌이라는 것이지요.

### '평가'를 무엇이라고 생각하시나요?

평가에 대한 선생님들의 생각이 궁금합니다. 혹시 마음속에는 평가가 서열을 결정해야 하고 눈에 보이는 숫자로 이루어진 결과값, 즉 지필평가에 이루어지는 객관적인 결과값이라고 생각하고 계신 것은 아닐까요? 물론 평가를 점수화하거나 등급을 측정할 수도 있어야 합니다.

그러나 여기에서는 수업을, 그리고 단순화하여 이렇게 말하고 싶습니다. **평가는 점수화된 결과값이 아니라 피드백을 위한 도구가 되어야 합니다.** 결과값만 추구하다 보면 안타깝게도 과정중심평가를 이루어내기가 어렵습니다. 그래서 과정중심평가는 결코 교사가 가르치기만 하는 교실에서는 절대로 이뤄질 수 없습니다. 여기서 가르친다는 것은 교사의 일반적 지식 전달을 의미합니다. 수업 시간에 가르친다는다는 게 잘못된 것은 아닙니다. 그러나 **교사가 일방적으로 가르치기만 하는 곳에서는 그 시간 동안 학생 성장을 보기가 어렵습니다.** 학생들이 상호작용하면서 성장하는 것을 발견할 수 없기 때문이지요. 과정평가를 하기 위해서는 학생이 변화하고 성장하는 것을 피드백해 줄 수 있는 수업 구조가 절대적으로 필요합니다. 학생 배움 중심 수업의 변화 없이는 결코 과정중심평가가 될 수 없습니다.

## (2) 핵심 질문과 이끎 질문은 평가와 어떻게 연결될까?

### 교육과정 내용과 학습요소 분석하기

주제 재구성이나 프로젝트 학습은 광범위하기 때문에 여기에서는 단원 내 재구성 형태의 수업디자인으로 살펴보고자 합니다. 우선적으로 살펴보아야 할 것이 교육과정 내용과 성취기준입니다. 성취기준에서 제일 먼저 해야 할 일은 어떤 학습을 해야 할지 학습요소를 추출하는 것입니다. 뒤에 제시된 표처럼 국가교육과정에서 성취기준을 가져옵니다. 그리고 성취기준에서 학습요소를 분석해 내는 것입니다. 그것이 바로 이 단원에서 꼭 해야 하는 학습의 핵심내용을 찾는 것이지요.

 * 교육과정 → 성취기준 → 학습요소 추출 (핵심내용)

뒷장에 제시된 과학수업의 핵심 내용은 성취기준에서 학습요소를 추출하여 작성하였음을 알 수 있습니다.

### 단원 재구성과 핵심 질문

단원을 재구성하기 위해 단원 전체의 주제와 핵심 질문을 만들어야 합니다. 이때 핵심요소가 고루 들어갈 수 있도록 재구성하는 것입니다. 우선 핵심 질문을 만들기 위해서는 수업자의 의도가 명료해야합니다. 수업자 의도에 따라 핵심 질문은 변하게 됩니다.

**'이 단원학습에서 바라는 결과는 무엇인가?'(주제)**

교사 스스로에게 물어보아야 합니다. 학생들만 질문하는 것이 아닙니다. 교사도 질문을 해야 합니다. 수업이라는 큰 그림을 그릴 때 무엇을 그릴지 스스로에게 묻고 또 물어야 합니다.

5학년 학생들에게 '산과 염기'라는 단원을 배우고 난 후 최종적으로 배우게 하고 싶은 것은 무엇입니까?

- 산과 염기의 성질을 꼭 알았으면 좋겠다.
- 산과 염기가 중화된 성질을 이해했으면 좋겠다.
- 지시약을 이해했으면 좋겠다.
- 일상생활의 용액을 산과 염기로 구분하면 좋겠다.

이처럼 다양한 결과를 설정할 수 있습니다. 교사가 학습 후 바라는 결과를 설정했다고 해서 모두 옳은 것은 아닙니다. 학생들에게 맞지 않는 높은 성취를 원할 수도 있을 것이고 또 학생들의 학습능력을 무시한 낮은 단계로 설정할 수도 있을 겁니다. 또 전체 성취기준에 맞지 않을 수도 있습니다. 그러나 겁먹지 마시기 바랍니다. 이렇게 시작하고 찾아가다 보면 학생들에게 적정하게 점프할 수 있는 성취수준을 찾아낼 수 있을 겁니다.

## 예시) 과학 5학년 산과 염기

| 2015 성취기준 | 2022 성취기준 | 주제 |
|---|---|---|
| [6과08-01]<br>우리 주변에서 볼 수 있는 여러 가지 용액을 다양한 기준으로 분류할 수 있다.<br><br>**탐구 활동**<br>여러 가지 용액을 관찰하여 분류하기 | | • 용액 인식<br>• 여러 가지 용액의 분류 |
| [6과08-02]<br>지시약을 이용하여 여러 가지 용액을 산성 용액과 염기성 용액으로 분류할 수 있다.<br><br>**탐구 활동**<br>지시약을 만들어 산성 용액과 염기성 용액 구분하기 | [6과09-01]<br>여러 가지 용액에 지시약을 넣었을 때의 변화를 관찰하여 용액을 산성 용액과 염기성 용액으로 분류할 수 있다.<br><br>**탐구 활동**<br>• 지시약을 이용하여 용액 분류하기 | • 산성과 염기 용액 분류<br>• 지시약 이용 분류 |
| [6과08-03]<br>산성 용액과 염기성 용액의 여러 가지 성질을 비교하고, 산성 용액과 염기성 용액을 섞었을 때의 변화를 관찰할 수 있다.<br><br>**탐구 활동**<br>산성 용액과 염기성 용액을 섞었을 때의 변화 관찰하기 | [6과09-02]<br>산성 용액과 염기성 용액의 성질을 관찰하고, 산성 용액과 염기성 용액을 섞을 때 용액의 성질 변화를 실험을 통해 추론할 수 있다.<br><br>**탐구 활동**<br>• 묽은 염산과 묽은 수산화 나트륨 용액을 섞을 때 용액의 색깔 변화 관찰하기 | • 산성 성질<br>• 염기성 성질<br>• 산성 + 염기성 성질 변화 |
| [6과08-04]<br>우리 생활에서 산성 용액과 염기성 용액을 이용하는 예를 찾아 발표할 수 있다. | [6과09-03]<br>우리 주변에서 산성 용액과 염기성 용액을 이용하는 예를 찾아서 설명할 수 있다. | • 일상생활 예 |
| | [6과09-04]<br>산성화로 인한 환경의 피해 사례를 소개하는 자료를 만들고 공유할 수 있다. | • 자연환경의 피해 |

### '학생들의 삶과 어떻게 관련지을 것인가?'

바라는 결과를 예상하고 전체를 재구성할 때 잊어서는 안 되는 것이 또 하나 있습니다. 어떤 수업이든지 그것이 학생들의 삶과 연관되어 있어야 한다는 것입니다. 학생들의 일상이나 삶과 연관되지 않는다면 수업은 학생들에게 의미 있게 다가가지 않습니다.

산과 염기라는 성취기준의 최종 목적지는 일상생활에 있는 산과 염기의 성질을 알고 그것을 자신의 생활에 잘 활용하면서 살 수 있도록 하는 것이겠지요. 이렇게 바라는 결과를 학습과 관련지어 주제를 하나 정합니다. 여기서는 '우리 집의 산과 염기를 찾아라'라는 주제로 나아가기로 합니다. 그 다음은 단원을 몇 개의 핵심 질문으로 구성합니다.

### '무엇을 할 것인가? 무엇을 하지 않을 것인가?'(핵심 질문)

성취기준의 내용요소를 너무 잘게 쪼개어 수업하면 핵심 질문의 수도 늘어나고 학습량이 과도하게 늘어나게 됩니다. 너무 과도한 활동으로 진짜 중요한 학습을 놓치게 될 수 있습니다.

핵심 질문은 성취기준의 내용을 충분히 익힐 수 있는 것으로 선정해야 합니다. 그래서 무엇을 꼭 할 것인지, 그리고 무엇을 하지 않을 것인지, 어떻게 병합시킬 것인지를 생각해 보아야 합니다. 핵심 질문을 선정할 때 '무엇을 할 것인가?'가 당연하게 이루어지는 것입니다. 그것을 위해서 무엇을 하지 않을까를 결정하는 것도 중요한 문제입니다.

핵심 질문을 만들 때 또 중요한 것은 학습을 학생들의 삶과 연관지어 집중적으로 할 수 있도록 도와주는 질문이 되도록 하면 더 좋습니

다. 조금 더 구체적인 질문으로 다가가는 것이지요. 예를 들면,

**'산과 염기가 섞이면 어떻게 될까?' 라는 핵심 질문을 '식초(산)과 비눗물(염기)이 섞이면 어떻게 될까?'**처럼 구체적인 표현으로 제시하는 것이 학생들에게 더 다가가기 쉽습니다. 다음 예로 제시되는 것은 성취기준에 따라 단원 전체의 학습에 기본적으로 3가지 학습은 이루어져야 한다고 볼 때 작성한 핵심 질문입니다.

* **핵심 질문 1) 우리 집 용액은 어떤 성질로 분류될까?**
* **핵심 질문 2) 산성과 염기성 용액은 어떤 성질일까?**
* **핵심 질문 3) 식초(산)와 비눗물(염기)이 섞이면 어떻게 될까?**

### 핵심 질문에 따른 평가와 수업 흐름도

핵심 질문이 선정되었다면 학습 흐름도를 만듭니다. 이 학습 흐름도를 만들기 위해 가장 중요한 것은 평가입니다. 평가는 학생 성장을 위한 피드백의 과정입니다. 수업의 마무리에 교사가 바라는 결과를 예상하고 그것에 도달하기 위한 과정을 단계별로 구축합니다. 다음은 핵심 질문 1)의 평가 단계 예입니다.

이 수업의 최종 목적지는 우리 집의 용액이 산과 염기로 분류되고 어떻게 활용되는지를 아는 것입니다. 수업의 시작, 1차는 분류 기준을 스스로 만들고 용액을 분류합니다. 색깔, 투명도 등 각자의 방식으로 분류할 수 있다면 1차적으로 분류의 단계가 완성됩니다. 이때 같이 활동하는 짝이 상호작용하여 피드백할 수 있는 수업 흐름도를 작성합니다.

**핵심 질문 1) 우리 집 용액은 어떤 성질로 분류될까?**

| | 노력 요함 | 보통 | 잘함 | 매우 잘함 |
|---|---|---|---|---|
| 인지 | * 자신만의 분류 기준으로 여러 가지 용액을 분류할 수 있다. | * 리트머스 종이와 페놀프탈레인 용액을 사용하여 용액을 분류할 수 있다. | * 지시약을 통해 산성 용액과 염기성 용액의 변화와 그 특징을 찾을 수 있고 지시약의 역할을 이해할 수 있다. | * 일상생활에서 사용되는 용액을 산과 염기로 분류하고 그것을 어떻게 활용할지 설명할 수 있다. |
| 방법 | ✔1차 : 짝, 교사 피드백 | ✔2차 : 짝, 모둠 상호 피드백 | ✔3차 : 짝, 모둠 상호 피드백 | ✔4차_교사 평가 및 피드백 노트 활용 |
| 성취기준 핵심요소 | 1) 다양한 기준 분류 | 2) 지시약으로 분류 | 4) 일상생활 용액 성질 파악, 활용 | 4) 일상생활 용액 성질 파악, 활용 |

2차는 각자의 기준으로 분류할 수도 있지만 지시약이라는 것으로 구분하는 법을 익히는 것입니다. 이제부터는 각자 활동하지만 교실의 학생들이 가지고 온 용액들이 똑같이 2분법적으로 구분이 되기 시작합니다. 자신이 가지고 있던 식초라는 용액이 리트머스 종이의 색깔 변화로 구분된 것을 다른 친구들과의 변화에서도 똑같이 일어나고 있는 것으로 인식하게 하는 단계입니다. 이것 또한 짝 이동을 통해서 스스로 피드백이 되도록 합니다.

3차는 지시약의 역할을 이해하는 과정으로 푸른색 리트머스와 페놀프탈레인 용액이 가지는 특성을 이해하는 단계입니다. 2단계의 실험 결과를 가지고 교사가 제시해 둔 재료가 가지는 특성을 친구들과의 대화를 통해서 찾아냅니다.

4차는 자신의 삶으로 돌아와 이러한 용액의 분류를 어떻게 활용하고 자신의 생활에 적용할 수 있을까에 대한 문제를 제기하는 단계입니다. 학습대화를 통해 사고를 확장하고 자신의 학습을 내면화할 수 있도록 하여 학습을 마무리합니다.

이 수업은 1단계부터 단계별로 밟아갈 때 학습이 피드백되는 구조로 이루어지고 있습니다. 수업 시간 마지막에 도달해야 할 목적지, 즉 교사가 학생들에게 바라는 결과를 먼저 설정하고 그것을 위한 단계를 설정합니다. 수업 중 친구의 상호작용을 통해 학습을 보충받고 피드백 받는 것을 볼 수 있습니다. 물론 어떤 학생은 1차만 완료할 수도 있습니다. 또 어떤 학생은 2차, 3차에만 머무를 수도 있습니다. 그렇기에 학생들 상호작용 과정에서 교사의 피드백을 통해서 다음 단계를 향해 갈 수 있도록 개별화 지도가 필요합니다. 이제 이 평가에 따라 이끎 질문을 만들어 보겠습니다.

**평가에 따른 이끎 질문 만들기**

평가 단계에 따라 이끎 질문이 필요합니다. 그것은 평가에 맞는 질문들이어야 합니다. 1~2차시 단원개관 까만놀이(까만놀이의 단원개관 방법 참고)를 통해 학생들이 만들어 둔 질문에서 가져오는 것이 가장 좋습니다. 이러한 학생 질문들을 병합하여 교사가 제시해 줄 때 효과가 더 좋습니다. 평가의 단계에 맞게 이끎 질문으로 수업 흐름도를 작성해 보겠습니다.

▶ 이끎 질문1 **우리 집 용액은 어떻게 분류할까?**
  – 다양한 분류 기준으로 여러 가지 용액 분류하기
  – 분류 기준을 세워 용액 분류하기 (∨1차)

– 분류 기준을 이야기하면서 짝 이동을 통해 설명하기

▶ 이끎 질문2 **푸른 리트머스와 페놀프탈레인 용액에는 어떻게 변할까?**

– 푸른색 리트머스로 용액 분류하기 _분류표 작성

– 페놀프탈레인 용액 변화 확인하기 _분류표 작성 (✔2차)

– 짝 이동 활동을 통해서 다른 친구들의 실험 결과 공유하기

"푸른색 리트머스 종이에 식초, 올리고당은 붉은색으로 변했다. 페놀프탈레인 용액에는 샴푸, 세제가 붉은색으로 변했다. 그런데 광민이네 집 샴푸는 페놀프탈레인 용액에 붉은색이 나오지 않고 원래 샴푸 색이 되었다. 차이점이 뭘까?"

▶ 이끎 질문3 **푸른 리트머스와 페놀프탈레인 용액의 역할은 뭘까?**

– 짝 이동 활동을 통해서 지시약의 의미 찾기(✔3차)

– 교사 안내하기 : 푸른 리트머스에 붉은색으로 변화하는 것은 산성, 페놀프탈레인 용액에 붉은색으로 변화하는 것은 염기성

– 까바놀이 : 지시약, 산성, 염기성. 페놀프탈레인 용액, 푸른색 리트머스를 넣어 문장 만들어 까바놀이하기

"우리가 먹을 수 있는 식초나, 간장 이런 것은 푸른색 리트머스 종이가 붉은색으로 변하였다. 붉은색으로 변한 것의 대부분은 먹을 수 있는 용액의 종류였다. 그리고 세제나 비눗물 같은 종류는 페놀프탈레인 용액에 변화하고 있더라. 그러면 먹는 것은 푸른색 리트머스에 다 색깔이 변할까? 어떤 성질이 있는 것일까?"

"푸른색 리트머스 종이가 있으면 먹는 것은 대략적으로 구분할 수 있을 것 같아. 붉은색으로 변하거든."

"지시약은 용액을 구분하기 위해서 필요한 것 같아."

▶ 이끎 질문4 **여러분이라면(나라면) 지시약으로 어떻게 활용하시겠습니까?**
  – 짝 대화하기 : 생활에서 지시약으로 어떻게 활용할지 이야기 나누기
  – 일상생활에서 용액으로 어떻게 활용할지 글로 작성하기 (∨4차)

이끎 질문과 평가의 단계 그리고 방법적인 면에서 보시듯이 수업 과정에서 배움을 확인하고 피드백될 수 있는 구조로 수업이 설계되어 있습니다. 수업이 진행되는 동안 학습 자체가 바로 평가이고 그것이 자연스럽게 피드백되어 최종적으로 이루고자 하는 핵심 질문을 해결할 수 있도록 한다는 것이지요. 핵심 질문에 따른 기본 학습을 4단계로 설정하여 '매우 잘함'의 형태에 도달할 수 있도록 수업을 구조화하는 것이 좋습니다.

**수업에 들어가기 전 교사 준비**

수업을 구성할 때 학생들의 삶과 관련지어야 한다고 했습니다. 그래서 용액을 교사가 준비해서 주지 않아야 합니다. 이 수업의 경우 아이들이 스스로 집에서 자신이 원하는 용액을 담아 와야 합니다. 이것이 바로 〈원칙 3〉에서 언급한 선택의 힘이 작용하게 만드는 것입니다.

우리 선생님들은 학생들에게 모든 것을 준비해 주어야 된다고 생

각하는 경향이 있습니다. 물론 학생들이 준비해 오는 것보다 교사가 준비했을 때 더 깔끔하고 완벽하게 준비할 수 있을지도 모릅니다. 그러나 학생들 스스로 학습의 시작점을 준비하는 것만큼 학습의 효과가 큰 것은 없을 겁니다.

교사의 준비는 학생들이 집에서 용액을 담아올 수 있는 작은 물약병을 준비해서 배부하는 것입니다. 학생들의 집에서 사용하는 용액을 가져오게 할 때 일어날 수 있는 문제점은 담을 용기가 없어서 가지고 오지 않는 경우 등을 교사가 미연에 막는 것입니다. 준비할 수 있도록 돕는 것이지요. 또한 용액을 담아 오지만 그것이 무엇인지 불분명한 경우가 있을 수 있습니다. 이것을 사전에 파악하여 물병을 나누어 주고 라벨 부착까지 지도하는 것이 좋습니다. 그래야 학생들이 큰 간장 병과 세제 병을 들고 오지 않을 것입니다. 용기에 용액을 덜어 넣어 올 때 이미 색깔과 냄새들을 1차적으로 관찰하게 됩니다. 이것이 수업을 원활하게 이루어지도록 만드는 준비입니다. 다시 한 번 더 학생이 학습을 자신도 모르게 선택하도록 하는 것이 수업 참여율을 높이기도 한다는 점을 잊지 마세요.

〈참고〉 단원개관에서 학생 질문 분석해 보기

〈산과 염기〉 단원을 시작할 때 1~2차시는 단원개관 까만놀이를 통하여 학생들의 학습흥미를 불러일으키고 학습자들의 요구를 파악하는 것이 단원 전체를 이끌어 가는 데 중요한 견인차 역할을 하게 됩니다. 또한 과학이라는 학습이 이루어질 때 용어의 생소함으로 어려위하기도 합니다. 단원을 들어가기 전 자신이 모르는 단어나 중요한 단어들을 카드로 작성하여 수업 시간에 놀이로 활용하면 학습력을 올리는 데 도움이 됩니다. 까만놀이를 통해서 학생들이 만들어 낸 질문들을 분석해 보는 것도 중요합니다. 핵심 질문이나 이끎 질문으로 활용할 수도 있습니다.

| 차시 | 수업내용 = 평가 | 준비물 |
|---|---|---|
| 1~2 | * 단원 살펴보기 / 하고 싶은 공부 찾기 (학습자 요구 파악)<br>– 교과서 내용 살펴보며 질문 작성하기 - 짝<br>– 단원에서 하고 싶은 활동 작성 - 3개씩<br>– 중요 단어, 모르는 단어 적기 - 1인당 8장<br>– 전체 공유 및 분류<br>– 단원개관 활동 후 느낀 점 쓰기 | 포스트잇<br>단어 카드 |

〈학생 질문 종류〉

1. 페놀프탈레인 용액은 무엇일까?

2. 여러 가지 용액을 어떤 방법으로 분류해야 할까?

3. 투명한 용액은 어떻게 구분할까?

4. 리트머스 종이는 무엇일까?

5. 왜 지시약은 붉은 양배추로 만들까?

6. 어떤 것이 산성이고 어떤 것이 염기성일까?

7. 산성 용액과 염기성 용액의 차이점은 무엇일가?

8. 묽은 염산과 묽은 수산화나트륨 용액은 어떤 성질이 있을까?

9. 왜 염기성 용액에 삶은 달걀 흰자나 두부를 넣으면 흐물흐물거릴까?

10. 제산제란 무엇일까?

11. 왜 붉은 양배추에 식초를 떨어뜨리면 색깔이 변할까?

12. 모든 용액이 산성과 염기성으로 구분되는 것일까?

13. 다른 식물로 지시약을 만들 수 있을까?

14. 안토시아닌은 무엇일까?

15. 염기성이 약하면 무슨 색을 띨까?

16. 호수가 산성화되면 어떻게 될까?

17. 리트머스 종이는 어떤 성질일까?

18. 붉은 양배추 지시약은 어떻게 만들까?

19. 염산 누출 사고는 어떻게 일어난 것일까?

20. 우리 생활에서 산과 염기를 어떻게 이용하고 있을까?

21. 천연지시약 시험지는 어떻게 만들까?

22. 호수의 산성화를 막기 위한 방법은?

23. 지시약으로 사용할 천연재료는 어떤 것이 있을까?

24. 검은콩 지시약은 검은색인데 색이 잘 변할까?

25. 산성 용액은 대리석에서 뿌리면 왜 기포가 일어날까?

26. 중성 용액은 색이 어떻게 변할까?

27. 지시약으로 산의 정도를 알 수 있을까?

28. 산과 염기가 없으면 어떻게 될까?

29. 지시약에는 어떤 종류가 있을까?

## 원칙 5 질문 수업과 평가를 일체화하라

### 과정중심평가

• **과정중심평가의 의미**
– 평가는 점수화된 결과값이 아니라 피드백을 위한 도구이다.

### 질문 수업의 교-수-평 일체화

• **교육과정 내용과 학습요소 분석하기**
• **단원 재구성과 핵심 질문 시 고민할 점**
– 이 단원학습에서 바라는 결과는 무엇인가? (주제)
– 학생들의 삶과 어떻게 관련지을 것인가?
– 무엇을 할 것인가? 무엇을 하지 않을 것인가? (핵심 질문)
• **핵심 질문에 따른 평가와 수업 흐름도**
– 수업 시간 마지막에 도달할 목적지, 바라는 결과 먼저 설정
– 하위 단계부터 차근차근 학습을 단계별로 밟아갈 때 학습이 피드백되는 구조
– 짝 상호작용을 통해 학습을 보충받고 피드백 받는 구조
• **평가에 따른 이끎 질문 만들기**
– 평가 단계별에 맞는 이끎 질문 제시
• **수업에 들어가기 전 교사 준비**
– 학생 스스로 선택하고 준비하게 하라.
– 교사는 최소한의 기본만 준비해 주자.

에세이 쓰기로
배움을
내면화하라

질문 수업에서 이루어지는 필기, 즉 쓰기는 조금 다른 것입니다. 중요한 것을 발췌하거나 요점을 정리하는 것이 아니라 수업 시간에 대화한 것을 기록해 나간다는 의미를 지닙니다. 배움의 기록입니다. 자신의 질문을 기록하고, 학습대화 도중 작성이 필요하다고 생각되는 것을 기록하여 채워 나가는 것입니다. 앞서 까만놀이에서 보셨듯이 학생들은 책을 읽으면서 대화하고 또 짝을 바꾸어 가면서 질문을 작성하기 때문에 그렇게 많은 질문을 기록하고 있다는 사실을 인식하지 않습니다. 결과적으로 그 기록은 지식의 축적, 생각의 축적으로 남게 됩니다.

# Q15
# 배움의 내면화는?


'쓴다' '적는다' 라는 말을 듣는 순간, 많은 이들이 불편해합니다. 그 이유가 무엇일까요? 일단 귀찮고 불편한 감정들이 동반되기 때문입니다. 사실 쓴다는 것은 생각과 관련되어 있습니다. 생각이 없으면 쓸 수가 없습니다. 쓴다는 것은 '생각'의 또 다른 말이기 때문입니다. 생각은 뇌의 활동이고 쓰는 것은 손의 활동입니다. 일부 학계에서는 뇌와 손이 연결되어 있다고 합니다. 손은 뇌와 함께 진화해 왔으며 서로 밀접하게 의존하고 있는 것이지요.

'조작하다'는 '사물을 능숙하게 다루다'는 뜻을 가지고 있습니다. 영어 단어 'manipulate'는 라틴어로 '손'을 의미하는 단어에서 유래되었다고 합니다. 자신의 주변 세계를 조작하기 위해서는 손이 일차원적으로 꼭 필요한 도구인 것이지요. 손과 뇌는 이렇게 서로를 필요로 하고 상호작용하고 있습니다. 손은 수단이고 뇌는 그 방법을 알려 주는 것입니다. 그래서 손을 사용해서 물체를 조작하는 것이 뇌 발달에 반드시 필요하다고 합니다. 그런데 이렇게 중요한 손을 수업 시간에 사용하지 않는다는 것은 너무 안타까운 일입니다. 질문과 학습대화가 이루어지는 교실에서 손을 쓰는 것은 또 다른 뇌의 활동이기 때문입니다.

## (1) 쓰기는 학습의 과정 속에서 일어나야 한다

### 쓰기는 대화의 기록

대부분의 선생님들은 예전 학창시절 수업 시간에 중요한 것을 열심히 필기하면서 공부하셨을 것입니다. 필기는 중요한 설명을 놓치지 않기 위해서 메모하고 공책에 적어서 옮겨 놓는 일입니다. 잘 기억하기 위해서 여러 가지 약자를 쓰거나 알록달록한 색깔의 펜들을 사용하기도 합니다. 물론 어떤 경우는 칠판 가득 써 놓으신 선생님의 요점정리를 그대로 베껴 쓰기도 했을 것입니다. 그러나 **질문 수업에서 이루어지는 필기, 즉 쓰기**는 조금 다른 것입니다. 중요한 것을 발췌하거나 요점을 정리하는 것이 아니라 **수업 시간에 대화한 것을 기록해 나간다는 의미를 지닙니다. 배움의 기록입니다.** 자신의 질문을 기록하고, 학습대화 도중 작성이 필요하다고 생각되는 것을 기록하여 채워 나가는 것입니다. 앞서 까만놀이에서 보셨듯이 학생들은 책을 읽으면서 대화하고 또 짝을 바꾸어 가면서 질문을 작성하기 때문에 그렇게 많은 질문을 기록하고 있다는 사실을 인식하지 않습니다. 결과적으로 그 기록은 지식의 축적, 생각의 축적으로 남게 됩니다.

〈원칙 4〉에서 보았던 도덕 공책은 40분 단위시간에 이루어진 공책의 기록입니다. 만약 이 많은 양을 교사가 억지로 작성하게 하였다면 학생들은 지루하고 재미없는 수업이라고 아우성했을 것입니다. 그러나 학생들은 질문하고 대화하는 과정에서 기록한 것이기 때문에 스스로도 그렇게 많이 쓰게 될 줄 몰랐다고 말합니다. **배움의 과정에서 자발적으로 기록한 것이기 때문입니다.** 쓰는 것이 하나의 놀이가 된 것이지요. 학습 과정의 기록을 통해서 자신이 어떤 질문을 했고 대화를 나누었는지 알게 됩니다. 결국 **기록을 통해서 배움을 확인하고 배움을 점프**합니다.

교과 성격에 따라, 수업설계 형태에 따라 다를 수 있겠지만 학습대화가 일어날 때는 가능한 기록을 할 수 있는 구조를 만들어 두면 좋습니다. 그냥 흘러가지 않도록 구조화하는 것이지요. 기록을 통해서 오류나 오개념들을 확인하고 수정하는 과정을 가지게 됩니다. 그 기록이 배움을 내면화하는 데 도움을 줍니다.

### 학습기억의 저장

에빙하우스 망각곡선의 기억에 관한 실험을 잘 아실 겁니다. 1시간 이후에는 기억의 약 50%가 소실된다고 합니다. 물론 이 실험은 에빙하우스가 의미 있는 것은 더 잘 기억된다는 사실을 고려하여 의미에 영향을 받지 않는 기억을 연구하였습니다. 그래서 실험에는 무의미

한 철자의 나열을 기억하는 것이었습니다. 소실되는 기억을 방지하기 위해서 중간에 여러 번 기억을 재생시키는 반복학습이 장기적 기억에 도움이 된다는 것을 실험으로 밝혔습니다.

우리의 뇌는 의미 있는 것을 더 잘 기억합니다. 수업 시간에 이루어지는 학습대화는 자신의 스토리가 담겨 있는 의미 있는 이야기입니다. 에빙하우스의 실험과 달리 기억이 잘 됩니다. 질문과 학습대화 후 학생들이 그렇게 강렬하게 기억할 수 있고 자신의 삶으로 가져갈 수 있었던 이유는 자신의 스토리를 담은 의미 있는 이야기를 반복적으로 할 수 있었기 때문입니다. 기억을 가지고 있기 때문에 재생산도 가능한 것입니다.

그러나 자신의 이야기가 아닌 타인의 이야기는 자신의 것이 아니기 때문에 기억하는 데는 한계가 있습니다. 이때 필요한 도구가 바로 '쓰기'입니다. 공책에 써 놓은 핵심적인 단어나 요약된 문장들은 나중에 기억을 재생시켜 주는 데 도움을 줍니다.

### (2) 에세이로 배움을 정리하다

#### 학습정리를 왜 글쓰기로?

수업 시간 학습을 정리하는 방식은 참 다양합니다. PMI기법도 있고 친구에게 수업 시간에 익힌 것 설명하기, 퀴즈 풀기 등이 있습니다. 그런데 왜 글쓰기를 강조하는 것일까요? 자신이 안다고 생각하고 말했던 것을 막상 글로 작성하려면 안 되는 경우가 많습니다. 글로 표현해 보면 금방 알 수 있습니다. 자신이 제대로 알고 있는지 모르고 있는지를 스스로 알게 되는 것이지요. 학습이 학생들의 배움으로 자리 잡게 하기 위해서 개인의 학습정리가 필요합니다. 사람마다 학습의 이해도가 다릅니다. 그 이해도를 글로 표현하게 되었을 때 배움이 정리가 됩니다. 학습과 배움에도 결국 개인의 삶과 일상이 녹아들 수밖에 없습니다.

질문하고 대화하면서 순차적인 공유의 기록이 일어납니다. 공유를 통해 다양한 사고를 받아들이고 학습이 이루어지는 것이지요. 그러나 학습의 최종 단계에서는 자신의 배움을 스스로 정리해야 합니다. 그 정리가 바로 '쓰기'인 것입니다.

교과서를 읽고, 학습자료를 보고 질문을 던지며, 친구들의 여러 의견들을 듣는 것이 바로 '지식, 정보습득의 과정'입니다. 나의 생각을 말하는 것은 '정보 공유의 과정'이라고 할 수 있을 겁니다.

**쓰기는 '배움의 정리 과정'입니다. 글을 쓰면서 자신의 생각, 타인의 의견을 총체적으로 분석하고 종합하게 됩니다. 그 과정에서 학습을 정리하고 자신만의 가치관을 만들어가게 됩니다.**

결국 쓰기는 자신의 생각을 정리하는 시간입니다. 매 수업 시간 학생들에게 개개인의 생각들을 정리할 시간을 준다는 것이 어쩌면 어려울지도 모릅니다. 단위차시가 안 되면 연차시 수업을 통해서라도, 그것도 안 된다면 단원학습 마무리에 쓰기를 통해 배움을 정리할 시간 확보가 필요합니다.

### (3) 배움 정리에 어떤 형태의 글을 쓰게 해야 할까?

글의 형태에 대하여 우리는 많이 배웁니다. 시, 소설, 수필, 주장하는 글, 설명하는 글, 편지글, 소개하는 글 등 다양한 형태의 글쓰기를 학습합니다. 이런 관점에서 글쓰기는 대표적인 형식주의로, 결과를 중요시하는 결과 중심의 글쓰기라고 할 수 있습니다. 그러나 수업 시간에 학습정리로 이어지는 글쓰기는 수업의 과정에 있었던 일들을 정리하는 것이 목적입니다. 그래서 글의 결과보다는 **글을 쓰는 과정 사이에서 자신의 생각을 끊임없이 생성하고 평가하는 것이 목적**이라고 할 수 있습니다.

수업 시간이 학습정리로 이루어지는 글에 어떠한 형식이나 형태를 부여하는 것은 좋지 않습니다. 처음에는 학생이 쓰고 싶은 방식을 선택하여 자유롭게 쓸 수 있도록 해주는 것이 좋습니다. 편안하게 쓸 수 있게 해주면 됩니다. 학생들이 가장 선호하는 글은 일기글 형태입니다. 글쓰기가 익숙해지고 자연스러워지면 학생들에게 특정한 방식을 한번쯤 부여하는 것도 좋습니다.

글쓰기는 마라톤 연습과도 같습니다. 마라톤은 42.195Km라는 긴 거리를 달리는 운동입니다. 이렇게 긴 거리를 달리기 위해서는 거기에 맞는 운동이 필요합니다. 달리기를 시작했다고 해서 처음부터 42Km가 넘는 거리를 달릴 수는 없습니다. 글도 마찬가지입니다. 쓰기 시작했다고 해서 자신의 생각을 잘 드러나게 긴 글을 작성할 수 없습니다. 어느 CF에 나오는 유명한 대사처럼 뭐라고 설명하기가 어려워집니다.

"참 좋은데, 말로 설명하기가 어렵네."

이 CF대사가 유명해진 이유는 재미도 있었지만 다들 말로 설명하는 것이 어렵다는 것에 공감했기 때문일 것입니다. 말이나 글로 설명하려면 상황에 딱 맞는 단어와 그 조합 능력이 필요합니다.

마라톤을 시작할 때 처음부터 어려운 경주에 참가하면 자신의 한계를 직시하고 바로 포기하게 됩니다. 5km, 10km, 21km 이렇게 점차적으로 거리를 늘려 갈 때 달리기의 즐거움을 느끼게 되지요. 마라토너들은 먼 거리를 달리기 위해서 운동의 강도를 조금씩 올린다고 합니다. 마라톤 코치들은 일반인들이 마라톤 42km를 완주하지 못하는 이유를 '적당한 강도의 운동만 하기 때문에 늘 제자리 기록일 수밖에 없다'라고 말합니다. 글쓰기도 이와 마찬가지여서 글의 양을 조금씩 늘려 가야 하고 강도도 조금씩 올려야 합니다. 한 줄에서 시작되었던 글이 한 장을 채우고 10장을 채울 수 있도록 글을 연습해 나가는 것이 중요합니다.

어떤 형태의 글이든지 학생들이 자유롭게 서술하고 즐겁게 양을 조금씩 늘려 갈 수 있도록 해주는 것이 중요합니다. 한마디로 자꾸 쓰다 보면 글 쓰는 능력은 늘 수밖에 없습니다. 3월에 만난 학생들의 처음 글은 비록 한 줄이었다 해도, 계속 연습하다 보면 점차 그 양이 늘어나서 단원수업에서 나름의 생각을 담은 글들을 작성하게 됩니다. 다음 학생을 글을 살펴보겠습니다.

3/15 진정한 아름다움은 자신의 속마음을 털어놓는 항상 웃고 배려하

고 친절하게 하는 것이다.

10/31  오늘 배운 내용에서 사람들은 자신이 좋으라고 이득을 보기 위해 자신의 것과 바꾸는 것 같다. 이번에 배운 가장 기억에 남는 내용은 영수와 해수의 이야기이다. 100원과 300원의 차이는 생각보다 큰 차이이다. 300원과 100원의 차는 200원이다. 200원으로 무언가를 사먹을 수 있다. 해수는 지우개를 연필과 바꾸자고 했다. 만약 영수가 해수에게 자신의 주장을 잘 펼쳤다면 영수는 좋은 이득을 받았을 거다. 만약 해수의 지우개가 쓰던 거였다면 영수는 바꿨을까 하는 생각이 든다. 영수도 생각이 있다면 자신이 손해보는 일이 없도록 하는 게 자신에게 이익이 많을 거라고 생각한다. 나도 예전에 친구들과 돈을 나눠야 하는 일이 생겼을 때 친구가 잘못 계산해서 내가 돈을 많이 썼는데 또 나라고 해서 너무 이상해도 내 의견을 펼치지 못해서 손해를 많이 본 적이 있다. 그때 내 마음속은 정말 화가 나고 속상하고 후회되는 마음으로 꽉 차 있었다. 그땐 정말 불공평했다. 내가 돈을 많이 냈는데 내가 다른 친구들한테 돈을 더 많이 내야 한다는 게 불공평했다. 앞으로는 내가 지금 이익을 보고 있는 건지 없는 건지 판단해야 하고 내가 불공평한 일을 당하고 있을 땐 내 주장을 잘 펼쳐야 한다고 생각한다. 그리고 나 자신의 이익을 위해 노력하지 않고 불공평해하는 친구들을 도울 것이다.


매 수업 시간에 쓰다 보면 위의 학생처럼 글이 늘어납니다. 상황을 어떻게 표현할지 나름의 방법으로 작성합니다. 그 학습을 정리하면서 자신을 돌아보고 자신의 가치관을 만들어가고 있습니다. **배움은 결국 자신을 만드는 일입니다. 질문과 대화로 자신의 모순 속에서 나와서 세상을 넓힙니다. 그리고 쓰기로 자신을 단단하게 만듭니다.**

### (4) 학습지보다는 노트를 활용하자

활동지에 대하여 선생님들은 어떻게 생각하십니까?

수업 시간에 활동지를 제공하는 교사의 목적은 무엇일까요?

혹시 활동지를 주지 않으면 준비하지 않고 나태한 교사가 되기 때문이라는 생각을 하시는 것은 아니겠지요? 활동지라도 학생들에게 주지 않으면 불안하다는 선생님들도 계십니다. 학생들이 아예 공부를 하지 않을 것 같다고 합니다.

여러 가지 측면이 있을 수 있겠지만 선생님들께서는 학습의 효율을 극대화하기 위해서 사용하신다고 합니다. 단위 시간에 학습해야 할 양이 많으니 목적적으로 정리된 것에 답을 찾아가면 학습이 좀 더 효율적으로 이루어진다고 생각합니다. 그래서 활동지를 학생들에게 제공한다고 합니다.

활동지도 여러 가지 형태로 이루어집니다.

* 수업을 진행하기 위한 보충자료로서의 활동지

* 수업 시간을 통해서 학습의 답을 기록하기 위한 활동지

* 수업 진행을 알려 주는 활동지

* 수업 시간에 이루어 내야 할 과제를 제시하는 활동지

결국 선생님들께서는 학습효율이라는 목적으로 활용하시는 것입니다. 이런 경우 활동지를 보면 이번 시간에 이루어질 학습의 요소가 무엇인지 한눈에 볼 수 있습니다. 지식적인 측면, 스스로 찾아내야 하는 것들. 수업 시간에 이루어내야 할 과제 요소가 빼곡히 적혀 있습니다.

그러나 어떤 학생들은 활동지를 받는 순간부터 머리가 아플지도 모릅니다.

이걸 또 적어야 해?

오늘 수업 시간에 이걸 한다고?

이걸 왜 해야 하지?

이런 반감부터 가지는 학생도 있습니다. 또 선수학습이 이루어진 학생들은 쓱 훑어보고 이것쯤이야 할 수 있겠다는 생각을 가지게 될지 모릅니다. 물론 활동지가 주는 긍정적 요소도 충분하지만 이미 틀에 짜여진 학습지보다는 스스로 만들어가면서 창조되는 공책을 활용하시는 것이 어떨까요? 어쩌면 학생들이 스스로 노트에 작성해 갈 수 있는 것을 교사가 믿지 못하기 때문에 제공해 주는 것은 아닐지 한 번 더 생각해 보시길 바랍니다.

## 원칙 6 에세이 쓰기로 배움을 내면화하라

### 쓰기는 학습 과정 속에서

- **쓰기는 대화의 기록**
- – 배움 과정에서 자발적인 기록, 놀이로 인식

- **학습기억의 저장**
- – 타인 스토리의 기록, 저장, 재생산 도구

### 배움 정리는 에세이로

- **배움 글쓰기로 학습정리**
- – 쓰기는 배움의 정리 과정
- – 쓰기는 자신의 생각, 타인의 의견을 총체적으로 분석하고 종합
- – 에세이 쓰기로 자신만의 가치관을 만들어 감.

### 학습지보다는 노트로 활용

- **틀을 주지 말자**
- – 학습지의 틀은 학생의 사고를 제한한다.
- – 스스로 만들어 가는 학습이 될 수 있도록 학습지보다 노트를 활용하자.

# 25년의 경력을 3년이 뛰어넘다
# 함께할 때 가능하다

– 황효주 선생님

질문 수업을 처음 만났을 때의 충격은 아직도 가시질 않습니다. 25년간 가르치는 것이 당연하다는 사명감으로 똘똘 뭉쳐서 정말 열심히 가르쳐 왔는데 뭔가 잘못되고 있음을 느낀 것입니다.

연구회에 가입하고 먼 길이지만 2주에 한 번씩 참여하면서 2년 넘게 의지를 다졌습니다. 그런데 학교에 돌아오면 연구회에서 배운 것처럼 잘 되지 않고 좌절하기도 했습니다. 그러나 학생들이 질문 수업을 할 때 수업 참여 의지가 완전히 달라지는 모습에서는 다시금 도전할 수밖에 없었습니다.

아이들의 목소리에 귀 기울이고 그들의 질문을 수업에 반영해 나가다 보니 아이들이 마구마구 생각을 쏟아내고 질문하기에 주저함이 없었습니다. 수업 시간에는 조용히 해야 한다는 공식도 깨졌습니다. 떠들면서 대화하고 대화하면서 배우고, 그러다가 조용히 하라는 말을 누구도 하지 않았지만 순식간에 몰입하여 생각 글쓰기를 한바닥 적어 나가는 모습을 보면서 매직 같은 질문 수업의 매력에 빠져들었습니다. 그래도 문득문득 이 길이 맞는가 스스로 되물어보고 혼자 가는 길이 외롭기도 했습니다.

시간이 갈수록 아이들도 신나고 덩달아 나도 신나는 교실이 되어 갔습니다. 창문 너머 부러운 시선으로 우리 반을 바라보는 다른 반 친구들 때문에 아이들은 '우리 반은 특별해.'라는 생각도 하게 됐습니다. 하지만 나의 마음 한구석은 여전히 텅 빈 느낌. 우리 반뿐만 아니라 우리 아이들 모두가 '특별해'라는 자부심을 가지면 얼마나 좋을까 하는 답답함이 밀려왔습니다.

"젊은 사람들이 생각하는 신도시는 어떤 모습일까요?"

학생들이 생각하는 신도시 개념과 어른들이 생각하는 신도시의 차이를 느끼고, 아이들에게 쉽게 다가갈 수 있는 팁이 있으면 알려 달라고 옆 반 선생님께 도움을 청했습니다. 그것이 옆 반 석류선생님과의 첫 시작이었습니다. 그런데 선생님도 궁금하셨던 모양입니다.

"아이들 질문으로 정말 수업이 되나요?"

되돌아온 질문으로 소통이 시작되었습니다. 대화를 주고받았지만 솔직히 말로 들으니 뭐가 뭔지 잘 모르겠다고 하시는 선생님을 위해 수업을 보여주기로 합니다. 마침 교과전담 시간으로 나의 수업이 비어 있어 석류샘 반에서 수업을 진행하기로 합니다. 질문 수업을 전혀 접하지 않은 옆 반 학생들을 대상으로 질문 수업의 시작점에서 할 수 있는 만큼을 합니다. 덕분에 그동안 호흡을 맞추어 온 우리 반 학생들과는 달리 옆 반 학생들과 질문 수업을 시도하면서 시작점에서 챙겨야 할 것들에 대한 이야기를 자연스럽게 하게 되고 성공담과 실패담을 함께 공유하게 되었습니다.

혼자보다는 둘. 이제는 사회-과학 교환 수업을 하고 있습니다. 교환 수업을 한다는 것은 상당한 장점이 있습니다. 우리 반 수업 후 다른 반을 수업하기 때문에 수업디자인을 변경하여 좀 더 나은 방향으로 나아갈 수 있습니다. 같이 고민한 수업이기에 참관할 때도 좀 더 수업 흐름을 잘 살펴볼 수 있습니다.

또한 담임으로서 학생들을 관찰할 수 있는 기회이기도 합니다. 수업을 진행하지 않는 입장에서 학생들을 객관적 시선으로 바라보게 되어 좀 더 학생에 대한 이해도가 높아집니다. 나 혼자였다면 감히 시도도 못했을 교환 수업을 하기도 하고, 단원 재구성, 교과 간 주제 재구성을 함께하는 배움 짝이 되어 있습니다. 함께하기에 힘이 되는 좋은 짝입니다. 오후 시간은 물론 쉬는 시간에도 짬짬이 수업에 관한 이야기를 나누는 소중한 동료입니다.

시작은 혼자였지만 둘이 짝이 되는 순간, 배움의 점프가 일어납니다. 우리 모두 함께하길 기원합니다.

# 함께
# 성장하자!

★
# 질문 수업으로 함께 공부하며 성장하라

배움을 위해서는 시간을 확보하는 것이 중요합니다. 아무리 중요하다고 해도 퇴근 후 시간을 내어 매번 참석하는 것은 쉽지 않습니다. 가능한 분들도 있지만 불가능한 분들이 더 많은 게 현실입니다. 매주 만나 공부한다면 금상첨화겠지만 한 달에 한 번, 또는 학기에 2~3번 정도의 네트워크를 하는 것도 좋은 방법이라고 생각합니다. 네트워크라고 해서 거창하게 생각할 필요는 없습니다. 정기적으로 교류하는 것 자체로도 서로에게 새로운 자극이 되기 때문입니다.

# Q16

# 질문 수업으로
# 성장하려면?

**(1) '왜?-만약에?-어떻게?'의 단계로 수업에 질문 던지기**

질문의 가장 큰 힘은 무엇일까요?

왜 우리는 이토록 질문을 하라고 이야기하는 것일까요?

2022년 11월, 전 세계가 뜨겁게 환호했습니다. 챗GPT가 발표되었기 때문입니다. 이전의 그 어떤 챗봇과도 비교되지 않을 정도로 자연스럽게 대화하고 세상의 수많은 지식을 공부해서 질문에 답해주는 척척박사 같은 챗GPT의 등장으로 인간의 거의 모든 업무와 일상생활은 실로 크게 바뀌기 시작했습니다. 이제 인간의 자리는 없는 것 아니냐는 목소리가 더욱 커졌습니다. 그런데 재미있는 사실을 하나 발견할 수 있습니다. 챗GPT에게 답을 도출하게 하려면 무엇이 필요할까요?

네, 그렇습니다. 질문이 있어야 합니다. 효과적인 질문으로 접근해야 원하는 답을 구할 수 있다는 것입니다. 이제 우리는 온 세상에 답을 가진 온라인 네트워크를 가지게 되었습니다.

그렇다면 질문을 어떻게 할 것인가가 가장 문제입니다. 질문의 틀을 짜는 방법을 알아야 원하는 답을 구할 수 있지요. 우리가 답이라고 생각했던 것에 질문을 던지면 다시 고민하게 되고 또 질문하게 됩니다. 결국 질문하는 능력이 필요한 세상이 되었습니다.

### 왜? - 만약에? - 어떻게?

이 3단계는 모두가 알다시피 기본적이면서도 논리적인 단계입니다. 그러나 결국 이 과정을 통해서 해결책과 자신에게 맞는 답을 찾아내게 됩니다. 제가 수업을 디자인할 때, 수업을 새로이 시작할 때 늘 던지는 질문이 바로 이 3단계 질문입니다. 선생님께서도 스스로 질문을 던져 보는 것입니다. 교실을 둘러보면서 질문을 던져 보세요. 이것이 바로 '왜?'의 단계입니다.

왜 아이들은 조용하게 수업해야 하지?
대화는 꼭 조용히 해야 하는 걸까?
실험을 꼭 4명이 해야 하는 이유가 뭘까?
왜 일렬로 앉아야만 하는 걸까?
왜 꼭 교사가 수업을 시작해야 하는 걸까?
수업 시작마다 동기유발이 왜 필요한 걸까?
동기유발 없이 수업을 시작하면 안 될까?

매 수업 시간마다 똑같은 동기유발인데, 효과가 다른 것은 없을까?

수업을 좀 더 편하게 힐링하면서 할 수는 없을까?

왜 학생들은 수업 시간에 가만히 앉아 있어야 하는 걸까?

왜 학생들은 책을 안 읽을까?

교사가 계속 설명해야 할까?

교사가 안 가르쳐도 학생 스스로 배울 수 있는 수업은 없을까?

과정평가가 관찰평가가 되어야 하는 이유는 뭘까?

평가가 결과만을 말하는 것인가?

평가가 수업 시간에 제대로 이루어질 수는 없는 걸까?

수업이 재미있으려면 어떻게 해야 할까?

수업 시간에 질문을 해야 하는 사람은 누구일까?


수많은 질문들을 만드실 수 있습니다. 그리고 하나의 질문을 꺼내어 다시 질문을 질문으로 답하면서 나아가 보면 됩니다. 예를 들면

① 수업 시작마다 동기유발이 왜 필요한 걸까?

→ ② 교실에 왔으면 공부할 준비가 된 것 아닐까?

→ ③ 교실에 온다고 해도 학생들은 공부하는 것을 싫어하기 때문에 학생들의 호기심을 충족시켜 줄 동기유발의 형태가 필요해. 그렇다면 매번 교사가 준비해야 할까?

→ ④ 교사가 준비하는 것은 외적동기일 뿐 학생의 내적동기라고 할 수 있을까?

→ ⑤ 학생이 스스로 학습동기를 일으키는 법은 없을까?

이렇게 질문에 답을 하면서 다시금 질문을 만들어가는 거지요. '학생이 스스로 학습동기를 일으키는 법은 없을까?'라는 질문에 도달하였을 때 '만약에 단계'로 넘어갑니다.

**'만약에~'는 가능성을 탐구하는 질문입니다.** 현재 하고 있는 것에 너무 익숙해져 있다면 꼭 만약에 단계에서 신선하고 새로운 아이디어들을 위해 여러 가지를 조합해 보는 것이 좋습니다.

만약에 학생이 선생님이라면 어떻게 시작할까?
선생님이라고 생각하고 학생들이 스스로 하게 한다면?
교사가 설명하는 내용을 학생들이 할 수 있다면?
수업이 놀이처럼 된다면?

'만약에'와 관련된 질문도 앞서 '왜'처럼 하나의 질문을 꺼내어 다시 질문을 질문으로 답하면서 나아가 보는 것입니다.
① 선생님이라고 생각하고 학생들이 스스로 하게 한다면?
→② 스스로 학습동기 유발은 어떻게 할까?
→③ 질문을 스스로 하게 하면 학습동기가 올라가지 않을까?
→④ ……
만약의 가능성은 현실을 바꾸는 혁신의 씨앗이 됩니다. 만약이라는 가능성만 두면 안 됩니다. 이제는 '어떻게'의 단계로 들어가야 합니다.

'**어떻게**' 단계에서도 질문을 던지고 구체적인 방안을 찾아가야 합니다. 예를 들어 위의 ③번 질문을 스스로 하게 하면 학습동기가 올라가지 않을까 하는 것에 대한 구체적인 행동과 실천할 수 있는 것을 다시 질문해 보는 것입니다.

**\* 학생들에게 질문을 말로 하라고 하면?**

– 동시에 말하는 것을 수용해서 수업하기가 어렵지 않을까?

– 동시가 아니더라도 한 명씩 말하면 시간이 많이 걸리지 않을까?

**\* 학생들에게 질문을 쓰라고 하면 어떨까?**

– 쓰는 것을 귀찮아하지 않을까?

– 쓰는 데 걸리는 시간이 학생마다 다를 땐 어떻게 할까?_질문을 공책에 다 쓴 후에는 짝과 그 내용을 대화하면서 기다리게 한다.

**\* 질문 만들기를 부담스럽고 싫어한다면?**

– 질문을 처음 시작할 때 짝과 함께 하는 것이 부담스럽지 않을 것 같다.

– 질문을 놀이처럼 느끼게 재미있는 요소를 첨가한다.


끊임없는 질문은 결국 가장 효율적이고 효과적인 답을 찾아가게 도와줍니다. 우리의 수업도 마찬가지입니다. 교사 자신의 끊임없는 질문만으로도 수업의 변화를 가져다 줄 겁니다.

## (2) 함께의 시작은 나로부터! 도움을 요청하자

질문 수업을 잘하려면, 2장의 '알쓸신원'을 알고 몸에 익히면 됩니다. 알뜰하고 쓸모 있는 신기한 6가지 원칙을 지키면 수업을 하는 데 좋은 방향을 찾을 수 있습니다. 그러나 혼자서 하다 보면 그 방향이 맞는지 틀렸는지 알기 어렵습니다. 이때 필요한 건 컨설팅입니다.

전문가의 컨설팅이나 코칭은 분명히 성장을 이루는 데 많은 도움이 됩니다. 옆에 전문가와 함께 학습이 이루어진다면 그것만큼 좋은 일은 없겠지만 전문가의 원포인트 레슨이 매 순간 매번 이루어질 수 있는 것이 아닙니다. 우리들에게 동료라는 교육 전문가가 옆에 있습니다. 단지 그 분야에 아직 익숙하지 않을 뿐이지요. 함께 한다면 먼저 길을 찾은 이들보다 더 현장에 적합한 교육의 방식을 찾아내게 될 겁니다.

### 자신부터

초등에는 '동학년'이라는 좋은 팀들이 있고, 중등에는 '같은 교과'라는 좋은 팀들이 있습니다. 동료들과 함께하면 됩니다. 단순한 이야기이지만 이것이 어렵다고들 말합니다. 생각이 다르고 공부의 방법도 다르다고요. 어쩌면 혼자 하는 것이 쉽지, 상대방을 설득하여 함께한다는 것은 정말 어렵습니다.

그러나 상대방. 그 상대방은 또 다른 나이기도 합니다.

시작은 언제나 본인부터입니다.

**도움을 요청하자**

본인이 변화하기 위해 노력하기 시작하면 분명히 옆에는 비슷한 생각을 가지신 분들을 만나게 됩니다. 본인이 하다가 어려운 점이나 도움받고 싶은 부분이 생기실 때 옆 동료 선생님들께 도움을 청해 보세요. 도움을 거절하시는 분들은 거의 없으실 겁니다. 옆 선생님을 위해 기꺼이 본인의 시간이 허락하는 한 도움을 주실 겁니다. 그러다 보면 선생님이 뭘 하려고 하시는지 알게 될 것이고 서로 대화와 소통이 이루어지다 보면 자연스럽게 함께하기가 이루어지는 것입니다.

도움을 주실 때 자신의 생각들이 전달됩니다. 서로의 생각이 전달되고 토의가 이루어집니다. 이것이 함께하기를 통한 수업철학 나눔, 그 시작점이 되는 겁니다. 스스로 공부를 하면서 나아갈 때 주위 선생님도 함께하게 되는 것이지요. 솔직히 처음부터 잘하는 사람은 없습니다. 함께했기 때문에 나아가게 되는 것입니다.

시작은 나로부터, 두 번째는 도움 청하기, 세 번째 둘이 함께하기!


### (3) 교사공동체, 네트워크하라

둘, 또한 여럿이 함께하고 있는 방향이 맞는지 더 좋은 방법이 있는지 살펴보고, 또 한 걸음 더 나아가기 위해서는 반드시 네트워크가 필요합니다.

다른 연구회와 네트워크를 결성하고 서로 공유하다 보면 교육 전반에 걸쳐 더 많은 것을 얻게 됩니다. 그러나 연구회나 교사 동아리

등의 전문적 학습공동체가 학교 내에서 이루어지는 것이 아니라 타학교 간의 연구 동아리로 움직일 때는 어려운 점이 많습니다.

시간 확보라는 측면에서 여러 가지 어려움을 겪게 됩니다. 배움을 위해서는 시간을 확보하는 것이 중요합니다. 아무리 중요하다고 해도 퇴근 후 시간을 내어 매번 참석하는 것은 쉽지 않습니다. 가능한 분들도 있지만 불가능한 분들이 더 많은 게 현실입니다. 매주 만나 공부한다면 금상첨화겠지만 한 달에 한 번, 또는 학기에 2~3번 정도의 네트워크를 하는 것도 좋은 방법이라고 생각합니다. 네트워크라고 해서 거창하게 생각할 필요는 없습니다. 정기적으로 교류하는 것 자체로도 서로에게 새로운 자극이 되기 때문입니다.

연구회 소속으로 학기에 2~3번 참여하기

다른 연구회에서 주최하는 연수에 참여하기

전문가 초청 연수받기

수업 나눔에 참여하기

……

다양한 방법으로 네트워크를 넓힐 수 있습니다. 이러한 공유를 통해서 자신들이 나아가고 있는 방향을 확인하고 수정, 발전해 나가는 것이 중요합니다.

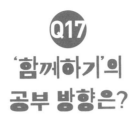

## Q17
## '함께하기'의
## 공부 방향은?

교사가 가르치는 것이 아니라 학생이 스스로 배움을 찾아갈 수 있도록 코칭자가 되어야 한다.

배움 속에 있는 학생이 행복해야 한다.

학생 개개인의 배움이 이루어지도록 도와주어야 한다.

......

2명이든 3명이든 함께할 때 가장 중요한 것은 교육철학의 공유라고 말합니다. 그러나 교육철학은 이미 다들 같은 것을 설정하고 있을 겁니다. 학생 배움 중심 수업이 대두되면서 이러한 관점에서의 교육철학에 대부분의 사람들이 공감하고 있습니다. 굳이 유명한 학자들의 말을 빌어 이야기하지 않아도 우리의 교육은 그곳을 향해 나아가고 있습니다.

그렇다면 방향은 이미 설정된 것이 아닐까요? **교육철학이 WHY라**

면 여기서 말하는 '함께' 공부 방향은 HOW의 의미입니다. 그 '무엇만이 아니라 어떻게'의 방향을 설정하자는 것입니다.

교육계가 변화하고 있습니다. 배움 중심 수업, 창의인성, 핵심역량 강화, 토의토론 등의 용어를 종종 듣고 있다면 분명 교육계의 변화 속에 있다고 할 수 있을 겁니다. 거기에 이슈화되고 있는 배움의 공동체, 거꾸로 수업, 하브루타, 질문 수업 등의 용어에 익숙해지고 있다면 변화의 중심에 서 있다고 할 수 있습니다. 물론 이러한 용어를 안다고 해서 그것을 행한다고 할 수는 없을 겁니다. 이러한 용어들이 이슈화되는 것은 '무엇을 배우는가?' 뿐만 아니라 '어떻게 배우는가'에도 중점을 두게 되었다는 것입니다. 그러다 보니 교육의 목표, 지도 방법, 평가 기준까지도 동시에 변화할 수밖에 없습니다. 한동안 무엇을 배우는가에만 집중한 시대가 있었습니다. 이제는 '어떻게'라는 배움 속에서 성장이 되는 평가도 함께 이루어져야 합니다. 이러한 모든 것을 이룰 수 있는 최대 효율과 효과적 측면의 방법을 찾아 나아가야 한다는 것입니다.

### (1) 무엇을 꺼낼 것인가? 어떻게 꺼낼 것인가?

지금까지 단위시간에 우리들은 국어, 수학, 역사, 음악, 미술 등의 과목을 분리시켜 학생들을 가르쳐 왔습니다. 수학은 수식 안에서 생각하게 하고, 국어는 단어 속에서, 음악은 음표 안에서, 과학은 실험 기구 안에서 생각하도록 강요했는지도 모릅니다. 우리는 학생들에게 수많은 이론들을 가르칩니다. 학생들은 배우고 익히고 시험을 칩니다. 그 내용을 명확히 이해하고 시험점수도 탁월하다고 해서 실제에서 그 현상을 발견할 수 있을까요?

과학수업 시간에 배우는 렌즈 현상은 참으로 복잡하고 어렵습니다. 오목렌즈, 볼록렌즈, 거기에다 다양한 렌즈의 형태들이 등장합니다. 그러나 실제로 렌즈로 관찰해 보기를 하면 렌즈의 어느 쪽으로 물체를 바라보는 것이 맞는지도 이해하지 못한 채 관찰하는 경우도 많습니다. 또한 수학 시간에 방정식을 배우고 미분 적분을 배웠다고 하지만 그것을 실생활에 적용시킬 수 있는 학생이 그리 많지 않은 것도 사실입니다. 어쩌면 그것을 전달하는 언어로서의 과학이나 수학을 배우고 있을 뿐입니다.

그런데 또 하나의 현상이 있습니다. 시소를 타고 노는 아이들을 보고 있으면 지렛대의 원리나 받침대의 위치값을 알지 못해도 아이들은 무게의 균형을 맞추며 놀고 있습니다. 그런 아이들에게 원리를 설명하라고 하면 이론적으로 명확하게 설명하는 아이들은 없습니다. 그러나 실제에서는 충분히 이루어낸다는 것입니다.

실제와 이론 사이의 거리들을 우리는 종종 발견합니다.

실제와 이론들 사이에는 변환 과정이 필요해 보입니다. 연결지어 줄 다리도 필요합니다. 각각의 한정적인 범위에서 배움이 일어나던 것을 질문이 연결시켜 주는 것입니다. 서로 억지로 융합을 시킨 것도 아니었습니다. **질문이 세상과 연결되게 해주었고 상황들을 연결시켜 주는 힘**을 가지고 있습니다.

**'무엇'과 '어떻게'를 연결하라, 스스로 생각하게 하라!**

어쩌면 우리 시대가 요구하고 있는 것인지도 모릅니다. 창조적 생각, 사고의 확장과 함께 스스로 생각하는 것이 중요합니다. 그뿐만이 아닙니다. 그것을 통한 상상이나 감정의 깊이까지 이야기하는 것입니다. 수업이 학생들의 삶에서 살아 움직이게 하기 위해서 노력하고 있습니다.

사람들은 책을 많이 읽으라고 합니다. 그러나 책을 많이 읽는다고 해서 문제가 해결되거나 창의적이 되는 것은 아닙니다. 중요한 것은 이미 나와 있는 지식들을 어떻게 활용하고 연결하고 통합해서 자신의 생각으로, 새로운 지식으로 창조하는가의 문제입니다.

'그 무엇을 읽는다'가 아니라 '**어떻게 읽는가**'에 달려 있습니다.

우리의 수업도

'**무엇을 가르칠 것인가**' 가 중요한 것처럼,

'**어떻게 끄집어 낼 것인가**' 또한 중요합니다.

'**무엇**'과 '**어떻게**'를 연결하는 도구가 필요합니다.

효율적이고 효과적인 '어떻게'의 도구가 바로 질문과 대화입니다.

질문은 학생들의 생각이 한정적인 범위에서 벗어나게 해 줍니다. 또한 대화는 다양한 생각만이 아니라 행복한 감정까지 만들어 줍니다. 질문 수업은 '**무엇을 가르치는가**'보다 '**어떻게 활용할 것인가**'라는 방법적인 면과 관련되어 있습니다. 배워야 할 그 '무엇'을 위해 학생의 배움이 더 많이 일어나도록 도움을 주는 효율적인 방법이 질문과 대화, 그리고 쓰기입니다.

# Q18

# 수업 나눔을
# 쉽게 하려면?

## (1) 수업을 함께 만들고 교차 수업으로 공개하기

수업 나눔의 가장 기본적인 것은 수업을 함께 만들어 보는 것입니다. 혼자 만들 때 볼 수 없었던 지점을 함께 만듦으로써 볼 수 있게 되는 것입니다. 질문 수업 〈원칙 1〉을 기억하실 겁니다. 〈원칙 1〉은 '재미있어야 한다'입니다. 학생도 혼자 하면 재미없는 것처럼 교사도 혼자 하면 재미없습니다. 함께 고민하고 답을 찾아갈 때 재미도 있고 배움의 깊이도 깊어지는 것입니다. 수업을 위해서는 상대방의 수업을 보는 것도 좋지만 같은 수업을 함께 고민하는 것이 중요합니다. 수업을 고민하고 수업을 할 때 보이는 것이 많습니다. 바로 스스로 알게 되는 거지요.

수업을 공개하는 방법은 여러 가지가 있습니다. 그러나 수업 공개를 거창하게 하는 것이 아니라 교차 수업을 해 보는 것입니다. 함께 고민한다면 수업을 더 잘 볼 수 있습니다. 여러 명에게 형식적인 수업 공개가 아니라 서로가 서로에게 배움이 되는 수업 나눔이 이루어지는 것입니다. 여기에 전문가 컨설팅까지 받을 수 있다면 정말 좋겠지요. 그러나 교차 수업만으로도 자신에게 그리고 상대에게 컨설팅을 해주는 효과를 가지게 됩니다.


### (2) 협의에서는 배운 점만을

대한민국의 보편적인 수업 시간 모습을 그려 보십시오. 무엇이 보이십니까? 교사, 그리고 학생. 교실에 책상과 의자. 이러한 물리적 현상 외에 보이는 것이 있으십니까?

교실 문이 닫혀 있다는 것입니다. 아니, 교실 문은 열려 있지만, 수업이 닫혀 있는지도 모릅니다. 요즘은 닫힌 수업을 열고 배움을 함께하기 위해서 많은 선생님들이 공부를 하고 있습니다. 그래서 수업 공개를 통한 수업 나눔이 많이 이루어지고 있습니다. 그럼에도 불구하고 많은 이들은 수업 공개를 두려워합니다.

왜일까요?

제일 좋은 수업은 보여 주어야 한다는 부담감. 수업 공개가 누군가에 의한 평가의 대상이 된다는 느낌, 이러한 인식에는 여러 가지 요인이 있을 수 있습니다. 예전에 이루어지던 수업 공개가 개선의 목적보다 평가하는 대상으로 이루어졌기 때문입니다. 수많은 체크리스트 속에 자신의 행동 하나하나가 체크되고 학생들에게 던진 발문들이 옳은가 옳지 않은가를 체크 당했기 때문에 그 누구도 섣불리 열고 싶어하지 않았던 것입니다. 선생님들 자신도 모르는 사이에 이런 생각들을 하게 됩니다.

'나라면 ~하게 할 텐데…….'

이 생각과 말은 본인이 했을 때는 달라진다는 것입니다. 본인이 하지 않고 타인을 관찰하기 때문에 할 수 있는 말이지요. 그러나 요즘 수업은 교사가 말이나 행동에 초점을 두는 게 아니라 학생들의 배움이 어떻게 이루어지는 것인가에 초점을 두는 것으로 바뀌었습니다.

수업 공개하신 분이 많이 배울까요?

수업 참관하신 분이 많이 배우게 될까요?

양쪽 다 배우게 됩니다. 그런데 어쩌면 양쪽 다 배움이 일어나지 않을 수도 있습니다. 모두가 배움이 일어나도록 하기 위해서는 분명히 방법이 바뀌어야 합니다. 수업 공개를 두고 교사의 장기를 모두 꺼내어 보여 주는 행위라는 말이 있을 정도입니다. 그만큼 어려운 일이기 때문이지요.

**'나라면~', '이렇게 했더라면~' 수업의 문제점을 지적하는 말 대신 '~배웠습니다', '나도 ~해 보아야겠어요'** 등 자신의 배운 점을 말하게 된다면 수업자가 공개 수업을 하면서 꺼냈던 장기들을 원래 배 속으로 다시 돌아가게 할 수 있습니다. 수업 공개가 두려움이 아닌 힐링이 되는 것입니다. 그런데 이런 협의회를 하지 않는다면 수업 공개만 하고 그 뒤가 없다면 그 수업자는 힐링의 기회를 놓치게 됩니다. 꺼내서 보여 줬던 장기들을 제자리로 돌려놓지 않는다면 그것만큼 무서운 일도 없는 것입니다. 그래서 수업 공개 후 협의회는 꼭 필요합니다. 그러나 원칙을 잊지 마세요. **전체 협의회에서는 배운 점만 이야기하기.** 이것이 수업 공개를 힐링으로 만들어 주는 일입니다.

# Q19
# 수업일지로
# 수업 성찰하기

수업일지를 쓰는 것은 우리가 수업 마지막 정리에 에세이를 쓰는 것과 같습니다. 쓰기가 학생 스스로의 가치관을 형성, 배움을 완성하는데 도움을 준다면, 수업일지는 교사를 성찰하게 함으로써 전문가로서 거듭나게 도와주는 일입니다. 처음 시작이 어려울지 모릅니다. 학생들처럼 처음에는 한 줄에서부터 시작하는 것입니다.

## (1) 수업일지에 꼭 들어가야 할 사항

수업일지라고 해서 특별한 양식이 있는 것이 아닙니다. 다른 누군가가 쓴 양식을 꼭 그대로 쓸 필요도 없습니다. 형태의 변화에 고민하지 않으시길 바랍니다. 매 순간마다 형태를 바꾸어도 됩니다. 그러나 일지가 되기 위해서 꼭 들어가야 할 사항을 정리할 필요는 있습니다. 아래의 기본 사항은 있었으면 합니다.

* 날짜 / 학년 반 / 교시
* 교과 / 단원 / 학습주제 (학습목표) / 학습 형태
* 좌석 배치 형태
* 수업 흐름도 / 학생 태도 및 변화

**Q. 날짜와 학년 반은 이해가 되는데 왜 몇 교시인지까지도 적어야 할까요?**

실제로 같은 수업을 해도 학생들의 반응은 시간마다 차이가 있습니다. 1교시에는 학생들이 학습할 워밍업이 덜 되어 있을 수도 있습니다. 그래서 학습대화가 조금 덜 활발할 수도 있지요. 또 6교시, 7교시에는 학업에 지쳐 피곤하기 때문에 학습력이 떨어질 수도 있습니다. 몇 교시에 수업을 했는가에 따라 결과가 다를 수도 있기 때문입니다.

**Q. 교과, 단원 학습주제는 이해가 되는데 학습 형태는 무엇을 말하는 것인가요?**

예전에는 수업에 어떤 수업모형들을 적용했는지 작성하는 경우가 많았습니다. 그것과는 사뭇 다릅니다. 요즘에는 프로젝트 학습 형태도 많고 학생들이 스스로 탐구하고 조사하는 형태도 많습니다. 질문 수업에서도 다양한 형태를 제시할 수 있습니다. 거꾸로 학습의 형태

일 수도 있습니다. 그날의 수업 형태를 작성해 두는 것입니다.

**Q. 좌석 배치 형태는 왜?**

좌석은 2인 1조 형태를 취할 수도 있고 1인 수업 형태, 4인 모둠 형태 등 어떤 형태인지에 따라 수업도 달라집니다. 학생들에게 어떤 형태에서 가장 효율적이고 효과적인 수업을 할 수 있었는지를 찾아가기 위함입니다.

**Q. 수업 흐름도는 어떻게 작성하나요?**

| 수업 전 | | 수업 후 |
|---|---|---|
| ① | **교과서 읽고 질문 만들기**<br>– 짝 대화로 소리 내어 읽기<br>– 짝 대화로 질문 3~5개 작성<br>– 핵심 질문 제시하기 | **교과서 읽고 질문 만들기**<br>– 소리 내어 읽기 학생지도 시간 소요<br>– 학생 공책 질문 확인 |
| ② | **질문 선택하고 짝 대화하기**<br>– 자신의 질문 선택하기<br>– 짝 이동 활동을 통해 질문 증가하기<br>이끎 질문 모든 사람에게 인권이 있을까? | **질문 선택하고 짝 대화하기**<br>– 공책에서 선택하는 것을 질문지 작성으로 변경_회전 짝<br>이끎 질문 태아에도 인권이 있을까?_학생 질문으로 변경 |
| ③ | **짝 이동 활동 후 전체 토의**<br>이끎 질문 인권이 없으면 어떻게 될까? | 이끎 질문 인권이 없는 나라도 있을까_학생 질문으로 변경 |
| ④ | 이끎 질문 만약에 인권이 없다면?_짝 대화하기 | 만약 인권이 없다면? |
| ⑤ | 배움 글쓰기 | 배움 글쓰기 |

수업을 시작하기 전에 대략적인 수업 흐름도를 가지고 있었을 것입니다. 그것을 그대로 작성한 다음 수정하는 것입니다. 예를 들면,

아래와 같이 수업 전 수업 흐름도를 작성하였다면 수업 후에 수업 흐름의 변화를 간략하게 정리할 수 있습니다. 수업 전후를 비교하는 것이 좋습니다. 수업을 계획했다고 해서 계획대로 수업이 이루어지기는 어렵습니다. 수업 전후 어디에 변화가 있는지 살펴보는 것이 좋습니다.

### Q. 학생 반응은 어떻게 작성하나요?

수업에서 가장 중요하게 관찰해야 하는 것이 학생 변화입니다. 학생들의 대화나 학생들의 학습 태도를 기술하는 것이 좋습니다. 수업의 목적이 학생들의 배움이기 때문입니다. 그래서 수업일지에서 빠져서는 안 되는 것이 바로 학생들의 수업에 대한 태도와 학생들의 변화입니다.

한 명 한 명 모두를 기록하는 것이 아닙니다. 물론 관찰된 한 명 한 명을 모두 작성할 수 있다면 가장 좋은 일이겠지만 그것은 사실상 불가능합니다. 평가와 관련하여 자세한 기록들은 따로 작성하시고 일지에서는 전체 학생들의 반응, 변화, 또 특정학생들의 변화 등을 간략하게 작성하시면 됩니다. 너무 많은 학생들을 일일이 자세하게 작성하려 하다 보면 일지가 부담스러워 지속적으로 작성하지 못할 수도 있습니다. 수업일지기 교사의 성장을 돕는 자료가 되기 위해서는 지속성이 가장 중요합니다.

## (2) 무엇을 언제 쓸까?

### Q. 모든 과목을 작성해야 하나?

모든 수업을 기록하고 작성할 수는 없습니다. 특히 초등 선생님들에게는 불가능한 일입니다. 물론 교과전담 선생님의 경우는 조금 다릅니다. 모든 교과를 다루는 선생님과 교과전담 선생님의 수업일지를 쓰는 방법이 다를 수밖에 없습니다.

교과전담 교사나 중등교사의 경우에는 같은 수업을 여러 반에서 하게 됩니다. 마음만 먹는다면 모든 수업을 일지로 작성할 수 있습니다. 한 주에 이루어지는 수업이 모두 똑같기 때문입니다. 물론 조금씩 다를 수도 있지만, 그 차시는 1~2개 또는 3개 범위 안에 듭니다. 1반에서 작성한 일지에 2반의 내용을 덧붙이면 됩니다. 그러면 학생에 따른 수업의 변화를 관찰하기 쉽습니다. 그 과목에 관한 수업의 전문성을 키우는 데에도 도움이 됩니다.

그러나 초등 담임의 경우는 매 수업 시간이 딱 한 번의 수업으로 진행됩니다. 그 수업은 그 시간으로 끝이 납니다. 모든 것을 할 수 없는 것입니다. 우선적으로 **한 과목만 정해서 수업설계와 수업후기 일지를 지속적으로 작성**하는 것입니다. 그러다 보면 나름의 패턴을 만들 수 있습니다. 패턴이 만들어지면 다른 과목에도 적용이 가능해집니다. 만약 수업짝 친구와 교차수업이나 교사공동체에서 함께하였다면, 선생님들께서 조언해 주신 내용까지 일지에 작성하면 좋습니다.

## Q. 수업한 그날 꼭 작성해야 할까?

수업설계를 하고 일지를 작성하고자 했다면 수업이 끝나고 바로 작성하는 것이 좋습니다. 우리의 기억이라는 것은 휘발성이 너무 강하기 때문에 작성할 수 있다면 수업을 마치고 쉬는 시간에 작성하는 것이 가장 많은 내용을 쉽게 작성할 수 있게 됩니다. 그것이 불가능하다면 하루가 지나기 전에 작성하는 것이 좋습니다. 안 되면 그 다음 날이라도 하는 게 좋습니다. 사실 이틀이 지나고 나면 기억에 잘 남아 있지 않습니다. 실제로 작성해 보시면 그 수업에 어떤 순간들이 있었는지 작성하기가 어렵습니다. 기억의 휘발성과 더불어 우리의 수업은 계속 진행되고 매 수업 시간마다 학생들의 변화도 계속되고 있기 때문에 작성하기가 어렵습니다.

> **수업일지 예시** **이혜경 선생님**
>
> 〈자료 해석은 어려워!〉
> · 6학년 사회 2-1. 조선의 개항
> · 5차시 : 개항 이후 조선에서 일어난 일 알아보기
>    (재구성 6차시-갑신정변, 동학농민운동)
> · 자료 : 갑신정변 개혁안 원문, 동학농민운동 폐정개혁안 원문, 교과서, 국어사전
> · [배움 주제] 갑신정변과 동학농민운동의 전개 과정과 공통점
> · 〈수업 흐름〉
>    1. 교과서를 소리 내어 읽고 질문 만들기 후 짝 대화
>    2. 개혁안 2개를 보며 질문 만들기 (사전 활용)
>    3. 오늘 배운 내용 짝에게 설명하기

칠판에 연표를 그리고 지난 시간에 배운 내용을 간단히 떠올리는 것으로 오늘의 사회수업은 시작된다. 강화도 조약 이후 수신사 파견, 임오군란을 떠올리고 오늘은 그 이후의 사건들에 대해서 배워 보자며 교과서를 짝과 함께 소리 내어 한 문장씩 읽도록 하였다. 그리고 궁금한 점, 더 알고 싶은 점에 대해 3가지씩 질문을 만들었다. 질문을 만들면서 국악 시간에 배운 '새야 새야'를 흥얼거리는 아이가 있었다. 아마도 교과서 구석에 적혀 있는 전봉준을 기리는 '새야 새야 파랑새야'라는 노래가 전해져 오고 있다는 말 때문이지 싶어, 학생들이 연습하고 있는 곡이 이때부터 전해 내려오는 우리 전래동요라고 알려 주고 다시 질문 만들기에 집중하게 하였다.

아이들이 질문을 만들고 그것에 대해 짝 대화를 하게 하였고, 그 후에 갑신정변 개혁안과 동학농민군의 폐정개혁안 원문을 아이들에게 주고 사전도 함께 주었다. 어려운 단어는 사전에서 찾아보고, 개혁안들의 공통점을 생각하며 질문을 만들어 보자고 하였다. 나의 의도는 개혁안들을 보며 당시 조선의 모습을 이해하고 그들이 왜 개혁을 일으키려 했는지 자연스럽게 이해하도록 하는 거였는데, 결론적으로 실패했다. 단어가 어려워 그것을 찾는 데 더 몰입하는 아이들이었고 그 결과 단어만 찾다가 종이 쳐버렸으니 말이다.

수업 후에 일지를 쓰고 있는데, 아이들의 질문을 보고 있으니 놀랍다. 아이들의 질문만 잘 엮어 주어도 수업이 충분히 진행되었겠구나 싶었다. 괜히 내가 욕심을 내서 어려운 단어들이 가득한 개혁안 원문을 투입해서 아이들이 오히려 힘들어했다. 이번 수업은 내 욕심으로 생긴 실패한 사례라고 할 수 있다.

— 청은 왜 우리나라에 간섭을 할까?
— 노비 문서는 왜 태워야 했을까?
— 갑신정변이 성공했다면 어떻게 되었을까?
— 왜 조선은 빠른 근대화를 원했을까?
— 급진 개화파는 왜 일본의 힘을 빌렸을까?
— 왜 일어나는 일마다 이름을 붙일까?
— 근대화는 뭘까?
— 왜 성급하게 개혁을 추진하려고 했을까?
— 동학농민군들은 폐정개혁안을 왜 원했을까?
— 명성황후는 급진 개화파였을까, 온건 개화파였을까?
— 왜 우정총국 개국 축하 잔치에서 정변을 일으켰을까?
— 갑신정변에는 어떤 계획이 있었을까?

# 함께 고민하고
# 교차 수업으로 성장하다

– 이미선 선생님

3-1반에서 교차 수업을 하기로 했다. 5교시에 다른 반 아이들과 수업하며 내 생각
처럼 되지 않아 속상하고 훈련되지 않은 아이들과 하는 것이 정말 힘들다는 것을
알았다. 다른 반 친구들이라 힘들 거라 예상은 했다. 그리고 '내가 이만큼 준비했으
니~' '우리 반 아이들도 이 정도는 하니까~' 등의 나의 고정된 생각으로 다른 반
아이들을 데리고 수업을 이끌어가니 아이들도 힘들고 나도 더 힘들었다는 것을 알
게 되었다.

지금 내 앞의 아이들 수준에 수업자가 맞추는 것이 중요하다는 사실을 수업이 끝
나고서야 인식하게 되었다. 나의 기대만큼 수업을 끌고 가서 도달하는 것만이 수
업을 잘하는 것이 아니라 한걸음 덜 가더라고 아이들과 소통하며 함께 배움에 가
까워져야 한다는 생각이 들었다. 수석선생님께서 수업을 잘하는 사람은 아이들의
수준을 잘 찾아내어 점프시키는 것이라고 늘 하시던 말씀이 참 와 닿는 수업이었다.

교차수업에서는 막상 내가 수업에서 아이들이 할 예상 질문과 다른 것이 많이 나
왔다. 그리고 아이들이 만든 질문으로 수업을 이끌어 가려니 처음 계획과 달라지
는 것들이 생겼다. 아이들이 질문을 만들 때 계속 돌아다니며 아이들의 질문 중에
많이 나온 질문을 가지고 전체 아이들과 이야기하니 자연스럽게 옛날과 오늘날의
식생활이 어떻게 다른지를 알 수 있었다.

다만 인스턴트가 어떤 것인가에 대해 아이들이 모를 때 인스턴트에 대해 아는 아
이들이 설명하게 하거나 아니면 아이들이 아는 인스턴트를 말해 보게 하여서 이런
것들이 인스턴트라고 알려주며 수업을 이끌어 가면 좋다는 의견을 나중에 듣고 꼭

교사가 다 설명해줘야 하고 정확하게 설명하지 않아도 아이들이 스스로 알 수 있도록 하는 것이 중요하다는 생각이 들었다.

그동안의 공개 수업은 뭔가를 보여줘야 한다는 생각에 평소에 하지 않던 것을 갑자기 하려니 더 힘들었고 평가받는다는 생각에 더 긴장을 했던 것 같다. 수업을 잘하고 싶은 마음이 커서인지 다른 선생님들 앞에서 수업을 하며 내 생각처럼 되지 않아 속상했었다. 그리고 사람들 앞에서 한없이 긴장하고 사람들 앞에서 아무 생각도 안 나는 것이 가장 큰 걱정이었는데 오늘 수업은 이미 내가 평소에 하던 수업대로 진행하고 나의 수업을 평가하는 사람들이 아니라 나를 도와주려는 사람들이라는 생각 때문인지 예전 공개 수업처럼 긴장되지 않고 수업에 집중할 수 있었다.


### 〈교차 수업 후 짝궁샘과 수업 이야기 나누기〉

우선 같은 단원을 하는 동학년 선생님이 있었기에 나의 수업에 대해 많은 조언을 얻을 수 있었다. 쉬는 시간이나 점심시간 등 짬짬이 많은 의견 교환을 할 수 있었던 것은 같은 연구실을 사용하는 덕분이었다. 그리고 연홍선생님의 수업을 내가 3-1반에서 해서인지 연홍선생님의 수업에 대해 이해하고 이야기할 수 있었다. 그리고 다른 사람의 수업을 보고 조언하기가 쉽지 않은데 수업을 어떻게 하면 잘할수 있을까에 집중하며 많은 의견을 나눌 수 있어서 참 좋았다. 그동안 이렇게 하나의 수업에 대해 집중하며 고민하며 의견을 나눈 적이 없었다. 이번에는 그냥 함께 수업 이야기를 나누는 것이 힘든 것이 아니라 의미 있고 행복한 시간이었다.

# 에필로그

"점심 식사하셨습니까?"

누군가에게 인사를 건넬 때 한국 사람은 이렇게 질문합니다. 인사가 질문이기도 하고 질문이 인사가 되기도 합니다. 식사했느냐는 질문에 당황하는 사람은 없습니다.

"네, 선생님도 맛있게 드셨어요? 오후에 혹시 특별한 일 있으세요?"

사실 우리는 일상에서 수많은 질문을 주고받고 있습니다. 일상 대화를 가만히 짚어보면 질문으로 오고가는 말이 정말 많아서 깜짝 놀라실 수도 있습니다. 가볍게 주고받는 질문도 대화의 물꼬를 터주고 생각을 새롭게 열어 주는 에너지를 가지고 있습니다. 우리의 수업도 질문으로 더욱 즐겁고 행복해질 수 있습니다. 수업도 우리의 삶 속에서 이루어지는 일종의 대화이니까요.

저는 수석교사입니다. 저의 지위를 말씀드리고자 하는 것이 아닙니다. 수석교사는 자신의 수업에 대한 연구뿐 아니라 현장 선생님들의 전문성 향상을 돕는 사람입니다. 그렇다 보니 한 번의 수업에서도 여러 가지를 고려하게 되었습니다. 수업 속에서 학생들은 얼마나 많은 것을 효율적이고 효과적으로 배우고 있는지, 학생들이 즐거운지, 행복하게 배우고 있는지, 깊이 있는 배움이 되는지, 고민하고 또 고민하게 되었습니다. 그리고 그 수업 방법이 학생만이 아니라 교사도 성장하게 되는 것인지를 생각하게 되었습니다.

이 책에서는 교실 구조적인 문제, 대한민국 교실에서 수업을 좀 더 재미있게 하기 위한 방법론적인 이야기를 나누었습니다. 이 책이 지향하는 교실 구조와 수업의 깊이는 사람이 중심이라는 생각에서 시작되었습니다. 모두 함께 참여할 수 있는 구조를 갖추고 수업을 통해서 사람을 만나며 틀림이 아닌 다름을 자연스럽게 받아들이고 학생 개개인의 성장과 발달을 돕는 그런 수업이 되기를 원하면서 하나씩 찾아낸 방법들입니다.

질문과 학습대화가 주는 행복한 수업 이야기를 함께 나누고 고민하고 또 연구해 준 선생님들 덕분에 저의 연구도 힘을 내서 계속 나아갈 수 있었습니다. 여러 선생님들이 함께해 주시기 않았다면 절대로 만들 수 없던 방법들입니다. 대한민국의 교육 변화에 힘쓰고 계신 많은 선생님께 감사함을 전하고 싶습니다. 고맙습니다. 사랑합니다.

# 질문수업 어떻게 시작할까

개정 1쇄 인쇄  2024년 6월 26일
개정 2쇄 인쇄  2024년 10월 23일

**지은이**  양경윤
**그린이**  김차명

**펴낸이**  이형세
**펴낸곳**  테크빌교육㈜
**테크빌교육 출판** 서울시 강남구 언주로 551, 5층 | 전화 (02)3442-7783 (333)

ISBN 979-11-6346-191-3  03370

책값은 뒤표지에 있습니다.

테크빌교육 채널에서 교육 정보와 다양한 영상 자료, 이벤트를 만나세요!

**블로그**  blog.naver.com/njoyschoolbooks
**페이스북**  facebook.com/teacherville
**티처빌**  teacherville.co.kr   **티처몰**  shop.teacherville.co.kr
**쌤동네**  ssam.teacherville.co.kr